RECUEIL DE POÈMES

(1985 – 2009)

PONCTUATION

D'UNE PART DE VIE

Patrick Sacleux

UN AVANT-TOUT

Ce recueil de poèmes, un lourd, je le conçois a été établi au départ pour satisfaire la curiosité d'un des membres de ma famille, qui m'est très cher.

Il se compose en deux parties principales: tout d'abord les poèmes en français, que j'écris depuis environ l'âge de 16 ans et que je continue à écrire très régulièrement à ce jour; et une section de poèmes en anglais qui font également partie de mon quotidien car j'ai vécu la majorité de ma vie d'adulte dans un pays anglophone. Chacune de ces parties a été classée par ordre alphabétique et non par ordre chronologique car cela me paraissait étant un ordre relativement simple et juste.

Comme beaucoup de poètes, sans doute, les femmes m'ont beaucoup influencées, mais aussi l'observation de mon entourage, de la société, des humains, des humanoïdes, des animaux et de bien d'autres choses qui pourraient paraitre insolites à certains et me semblent digne d'un poème.

En cette journée du 14 décembre 2009, à la veille de la fin de la première décennie de ce vingt et unième siècle, je tiens à clore ce premier recueil de poèmes afin de le soumettre à la publication, pour le meilleur comme pour le pire.

Certes, mes poèmes peuvent parfois paraître un peu cru, d'autres un peu à « l'eau de rose » avec d'autres encore un peu loufoques, un peu insolites, voire ennuyeux. Ils sont presque tous en rimes, je préfère ça, et presque tous sans ponctuation, c'est voulu également, avec ; selon les dires d'une amie (qui n'a jamais partagé ma couche) ; un certain caractère brut qui les rend unique, comme moi, dirait-elle.

A la relecture de certains de mes poèmes je me rends compte que si les *toujours* de l'amour que je décris dans ces derniers avaient été possible, j'aurais eu un cœur éclaté et composé de beaucoup d'amours différents et de femmes toutes aussi différentes. L'état d'un homme amoureux peut parfois lui faire perdre la réalité des choses et de son entourage et surtout la réalité que l'amour ; même si ça fait joli dans la poésie ; n'est malheureusement pas éternel. Et même s'il est difficile à quantifier, voire à mesurer, il n'est jamais infini.
Et ça y est, voila que je recommence avec les *toujours* et les *jamais* !

Ces mots au caractère de permanence, bien que très utile en poésie n'ont vraiment de place que dans l'idéal féminin dans lequel j'avais placé certaines femmes ; qui sont sorties de mon cœur ; sur un piédestal. Ces mots ne font, malheureusement ou heureusement, plus partie de mon vocabulaire. Je préfère les remplacer avec des locutions mieux choisies.

Bonne lecture tout de même !! J'espère vous plaire, vous le lecteur ou la lectrice en quête de poésie, ou du moins vous distraire, voire vous faire vous échapper, comme dans l'un de mes poèmes : « Sur mon nuage ». Et si vous n'appréciez pas le caractère cru ou érotique de certains de mes poèmes, tant pis pour vous, je ne m'en excuse pas ! Cela fait partie de la vie, de ma vie et de la réalité d'un homme de nos jours, et je pensais que cela méritait un poème sinon je ne l'aurais pas écrit.

PS : Le membre de la famille dont je parlais au début est malheureusement décédé le 19 juillet 2010. Ma Loulou, cet ouvrage est pour toi.

I. POÈMES EN FRANÇAIS

40 BALAIS
(pour Fred F.)

40 balais

Pas si défait

Depuis longtemps

Qu'on passe du temps

On se connait

Toujours parfait

On se console

Puis se cajole

Nos états d'âme

Parfois en flamme

Nos amours passent

Mes amours cassent

L'amitié dure

Ça c'est du sûr

40 balais

Un peu d'money

On est lointain

Jamais bien loin

On est ensemble

Personne ne tremble

Des souvenirs

Secrets et dires

On en a eu

Jamais déçu

40 balais

Moi je connais

Ça vient ça passe

La fête se tasse

Après picole

Après rigole

Nous on est là

Ensemble tu vois

Sois positif

Av'nir festif

40 balais

Là tu connais

Les années passent

Le dos se tasse

Certes parfois dur

Mais eh! L'amitié dure

C'est le cadeau

De loin l'plus beau

Vivement demain

421

(au séjour de Déc. 07)

Quatre cent vingt et un

C'est un jeu malin

Partie échauffée

Joueurs acharnés

Quelques-uns chanceux

A la mords- moi l'nœud

D'autres en ont du cul

Comme de gros cocus

Bonne ambiance de joueurs

Et pas de malheur

Insultes en argot

Pas pire qu'au bistro

Il est tard l'hiver

Pendule à l'envers

Fatigante journée

Soirée échauffée

Tripot domicile

Entre amis, facile

Roule encore les dés

Le jeu à plaider

A LA VEILLE DU 14
(pour Christiane)

A la veille du 14
Je contemple tes mots
Dont le cont'nu est beau
A la veille du 14
J'admire ton style, ta prose
Pour nous la vie est rose
A la veille du 14
On expérience l'amour
Être ensemble pour toujours
A la veille du 14
Notre flamme est allumée
Désirs à consommer
A la veille du 14
Trépidations à deux
Tour les deux amoureux
A la veille du 14
Romantisme échangé
Sentiments inchangés
A la veille du 14
De plus en plus sublime
C'est notre amour qui prime

A LA VEILLE DU DEPART
(pour Christiane)

A la veille du départ

On ne s'est pas vu car

Tu avais besoin d'espace

Il fallait que tu fasses

Tes courses et des valises

Et même que tu réalises

Ton insécurité envers moi

Pour un peu douter de toi

Tu sais que je suis là

Mais tu as peur parfois

D'avoir été trop loin

En m'ayant mis au coin

Je te donne ce que tu désires

Mais ce n'est pas le pire

Je te veux ça c'est sûr

Il faut que tu en sois sûre

Partons ensemble sereinement

A la veille du départ

En vacances joyeusement

A MIAMI
(pour Christiane)

Une étape est franchie

Nous sommes allés à Miami

Des moments émouvants

Mais aussi invitants

Tu t'inquiètes des vacances

Notre arrivée en France

Je m'inquiète bien pour toi

Mais je serais toujours là

Ensemble nous accomplirons

Tous deux nous réussirons

Profite du temps donné

Angoisses seront erronées

Franchissons les étapes

Le temps on l'attrape

Notre amour sera plus fort

Que les problèmes du sort

Accueillons le temps à deux

Combattons ensemble les feux

J'ai confiance en l'amour

Nous fabriqu'rons du velours

Toi et moi c'est l'essentiel

À Miami ou ailleurs

Ensemble on est dans l'ciel

Les problèmes seront vapeur

ABSURDE

(à Orléans)

La techno dans la vieille ville

Lasers verts sur les façades

Maisons anciennes dans le mille

Charme terni de ma ballade

Absurdité d'une soirée

Ambiance de jazz essuyée

Ambivalence de notre temps

Quand le classique rentre dedans

Le modernisme s'en ira

Laiss'ra place à la vieille pierre

Les pavés deviendront roi

Comme la musique de naguère

Un coin jazz, une techno

Le classique mélo-mélo

C'est l'absurde exacerbé

Moi j'en suis exaspéré

ALLER/VENIR
(à Sarah)

En cette bonne année

Je te laisse aller

Je te laisse venir

Et tous les alé-

as de l'avenir

J'en suis bien aisé

Tôt ou tard partir

Aisé pas niaisé

Il faut ressentir

La différence et

Pas trop me languir

De ta présence mais

C'est avec sourire

Je suis tel un pré

J'accepte ton partir

Pâturage j'étais

Mais pas à loisirs

Peu sollicité

Tu veux revenir

Quand tu veux c'est vrai

Je ne peux mentir

Ta présence me plaît

Malgré mes désirs

Je l'ai accepté

Qu'un jour au sortir

En fin de journée

Sans te retenir

Sans même rien bouger

Te verrai partir

De moi t'éloigner

A jamais t'enfuir

La nature des faits

Tu n'aimes pas moisir

Ta parure de fée

Ne peux se ternir

Sans plus sans effets

C'est pour mieux séduire

Il te faut bouger

Pour mieux t'épanouir

En cette bonne année

J'aurai souvenir

De t'avoir laissée

Aller puis partir

Tu restes…..ma fée

AMOUR ENFANTIN
(pour Christiane)

C'est un peu suspect

Amour enfantin

Mais pas d'un lutin

Et demande respect

C'est pas si lointain

Récolte de bienfaits

Vérité c'est bien

Amour c'est le mien

Ça c'est un prospect

Et c'est toi qui vient

Pour la prendre ma main

AMOUR CONJUGUÉ
(pour Christiane)

Je suis fou de toi

Tu es celle pour moi

Il est amoureux

Elle attise mes yeux

Nous sommes épris

Vous l'avez compris

Ils seront ensemble

C'est l'amour prisé

Tous deux conjugués

AMOUREUSE
(pour Christiane)

Tes mains fines, tendres, et douces

Se promènent sur mon corps

Partout jusqu'à mon pouce

S'égarent et me caressent

Mes sens et même les pores

De ma peau et mes fesses

J'aime ton baiser, tes lèvres

Sur ma bouche et mes joues

M'enivrent, me donnent la fièvre

De l'amour dans le cou

Moi, Patrick je t'aime tant

Je sais ce que je veux

Et c'est toi tout le temps

Caresser tes cheveux

T'embrasser

D'une façon langoureuse

T'enlacer

Toi aussi amoureuse

Sensuelle

Attirée

Et belle

Chavirée

AMOURS

Nos amours d'antan

Comme ceux d'aujourd'hui

N'ont pas tant changé

Les hommes courent autant

Et les femmes les fuient

Ce jeu reste l'effet

La machination

De vous faire la cour

Et l'adoration

De n'pas être à cours

Les sentiments passent

On vous poursuit tant

Vous les femmes qui s'lassent

Pauvres nous c'est bandant

Si vous nous collez

Nous sommes subjugués

Puis désintéressés

Si vous nous fuyez

Nous, ensorcelés

Quand cessera ce jeu

S'éteindra le feu

De tous vos caprices

A quand les délices

D'l'amour réciproque

Où personne ne s'moque

Réciprocité

Ou égalité

Les temps ne changent pas

Mais l'espoir reste là

ANIMAL DE VIE

Comme un escargot

La vie laisse une trace

Elle inspire le sot

Qui n'est point loquace

Comme un lapin nain

La vie bouge trop vite

Elle nous tend la main

Puis reprend la fuite

Comme une tortue d'eau

La vie est trop lente

Elle se lance de haut

S'abîme en descente

Comme un animal

Imprévisible vie

Son rythme fait mal

ParcE qu'elle s'enfuit

ANODIN

Un peu plus que rien

C'est quand tout va bien

Le monde anodin

Mais quand les copines

Sont que des voisines

Les bises anodines

Moi je vous préviens

Je suis pas un chien

Ou mec anodin

Elles seront coquines

Et suc'ront ma pine

Gonzesses anodines

Et si j'en reviens

D'avoir été rien

J'veux plus anodin

C'est un mot lointain

Eloigne tes mains

Prends plutôt soin

Des mots et de rien
Toujours te souviens
Rien n'est anodin

ARGENT OU AMOUR ?
(Etat d'âme)

Sans argent

Ennuyant

Sans amour

Emmerdant

Lequel vaut

Plus ? Là c'est

Source de maux

Suis lasse

La question

Tous ces mots

Arrêtons

D'y penser

Continuons

A s'aimer

Sans argent

Ou avec

Cependant

C'qui est net

C'est l'amour

L'important

Pour toujours

En vivant

ARRÊTE/COMMENCE
(pour Christiane)

Arrête

De moi, te moquer

De me faire chier

Arrête

De vivre dans le passé

De te préoccuper

Arrête

De me prendre pour cible

Je t'aime c'est pas terrible

Commence

Par accepter l'amour

Qui est là et t'entoure

Commence

Par être honnête

Je ne suis pas bête

Commence

Par contempler le futur

Pour que notre amour dure

AU BOUT
(à Candy)

Tout au bout du rayon

De soleil c'est la nuit

Phénomène dans l'avion

Remarqué par l'ennui

Eteint mon horizon

Mais me donne cette envie

De voyager plus long

S'éloigner du soleil

Parcourir le ciel

C'est combattre le sommeil

Pour retrouver celle

Qui m'attend bien loin

Je voyage vers l'est

Et la vois enfin

Besoin de son zest

La fin de la nuit

La fin du voyage

J'embrasse ma chérie

Parcours son visage

Rempli de soleil

Douce à mon oreille

Elle, mon paysage

AU FUR ET A MESURE
(pour Christiane)

Au fur et à mesure

Notre amour a l'allure

De devenir plus sûr

Au fur et à mesure

Je veux être ton armure

T'emmener vers l'azur

Au fur et à mesure

Notre Bonheur une parure

Partager dans nos murs

Au fur et à mesure

En avion, en voiture

Passion et amour mûr

Au fur et à mesure

Nous évitons les murs

Je t'aime bien plus c'est sûr

AVANT MINUIT
(pour Christiane)

Peu avant minuit

J'ai trouvé une femme

Nue, chaude dans mon lit

Prête, de toutes ses flammes

Ensemble, nous sommes pris

L'un pour l'autre et âmes

Amour toute la nuit

Embrasé les draps

Notre étreinte, inouïe!!

Oui oui oui oui oui!!

Et cette femme c'est toi

Je t'aime, j'ai envie

Pour toujours, de toi

Tu sais, pour la vie

Repousse mes tracas

Illumines mes nuits

Fais briller mes jours

Ça c'est de l'amour

AVEC TOI
(pour Christiane)

Parti une semaine

Sans toi pas de veine

Mais l'année prochaine

J'irai avec toi

Ne plus m'éloigner

Plus jamais sans toi

Partir pour l'été

Avec p'tit Henry

Adorable enfant

Il sera ravi

Avec sa maman

Nous serons tous là

Mes enfants et moi

A six et voilà

Amour, enfants, couple

Ça fait du bien, c'est souple

On aime tous leurs boucles

Avec toi Lozère

Heureux comme un pape

J'ai plus de misères

Si tu m'aimes, je clappe

Des mains, à voix haute

Moi, je clamerai

Pour toi qui est l'hôte

De mon cœur, c'est vrai

Je veux t'embrasser

Et toujours laisser

Nos corps s'enlacer

Serai ton vrai amour

Avec toi parfait

Ensemble pour toujours

Toi, moi c'est un fait

Je t'aime comme un fou

Toi et moi c'est tout

Et les enfants, nous

AVEC L'ACCENT FRANÇAIS
(à Sarah)

Love at the first glance

C'est l'amour de la chance

Love at the first sight

L'amour me coupe les pattes

I see it in your eyes

J'aurais couru des miles

I feel it in my heart

Je ne veux pas qu'tu partes

You are not mine to love

Pourtant j'vois tout en mauve

But I will anyway

Parce qu'enfin je suis prêt

Don't need sign from above

Moi je t'aime comme un fauve

To love you forever

Les rouages de ferveur

Je s'rais sage en douceur

It's a long time I know

And continues to grow

Cette amour sera beau

My heart for your joy pours

Toi et moi pour toujours

One day us together

Ensemble ce s'ra bonheur

CAJOLE

On se cajole

Comme de l'alcool

Puis on se viole

Avec des cris

On se console

Du vitriole

Comme dans une fiole

C'est quoi l'esprit

On se cajole

T'es un peu folle

Ça, ça m'ennuie

CANAUX

Les canaux de La Canourgue
Calment mes instincts de grand fourgue
Ce mot reste à définir
Mais ne m'empêche pas d'écrire

Je les suis et les écoute
Leur flot n'est pas goutte à goutte
A travers cette petite ville
Les eaux me rendent si tranquille

Ô creux de la montagne
Balance mon cœur de cocagne
Les eaux sont claires et si pures
A faire aimer la nature

L'eau coule elle est onctueuse
Et donne la rime fructueuse
Les beaux canaux canourguais
Lisses comme les cheveux épais
D'une belle femme blonde lozérienne
Qui ne s'appelle pas Fabienne

CÉLIBATAIRE

Je suis célibataire

Pas vraiment solitaire

Je n'ai pas à le taire

Pour le meilleur

Et sans rancœur

Ou pour le pire

Avec sourire

Je suis célibataire

Difficile à soustraire

Quand bien même je peux plaire

Réalité

Sans être aimer

Ne plus soumettre

A aucun être

Je suis célibataire
Sans une femme à extraire
Mes projets sont sur Terre

CHARME
(à Candy)

Comme un jambon de parme

Je mange d'abord la viande

Et elle en est friande

Je consomme tous ses charmes

Comme un jambon de parme

Charcuterie divine

Quand le gras se devine

Je trouve qu'elle a du charme

Comme un jambon de parme

J'aime quand ses hanches sont fines

Quand elle enfourche ma pine

Elle gémie, quel vacarme !!

CHAVIRER
(pour Christiane)

Pas besoin de tango

Pas besoin de banjo

Pas besoin de bateau

Pas besoin de yoyo

Pour que mon cœur chavire

Pour toi sur ce navire

Qu'ensemble nous bâtissons

J'espère en unisson

Toi et moi tantôt tangue

Mais parlons la même langue

Celle de l'amour résonne

Tu te donnes, je me donne

Nos besoins différents

Pour remplir le présent

Le futur est ouvert

Si le cœur est ouvert

Et ensemble chavirons

De plaisirs, nous verrons

S'apaiser la tempête
Pour mieux faire la fête
Célébrer notre amour
Tous les deux, tous les jours
Je suis là, près de toi
Comprends, je suis à TOI !

CHIOTTES BLEUES

Mes chiottes sont bleues
J'en fais l'aveu
Je pisse : c'est vert
Futal ouvert

Mes chiottes sont bleues
Relaxent mes yeux
Désinfectent bien
Plus d'odeur rien !

Mes chiottes sont bleues
Et même mon nœud
Est satisfait
De ce bienfait

Mes chiottes sont bleues
Polluent un peu
Qu'importe la terre
Joli derrière
Merdes parfumées
Ravissent mon nez

COMME JOHN ET LIZ
(pour Christiane)

Dans vingt ans ou plus

L'eau aura coulé

Sous les ponts et plus

Nous nous s'rons aimés

Et nous continuerons

À vivre heureux

Avec autant d'passion

Que de jeunes amoureux

Ça pourra se lire

Notre regard, notre sourire

Enfin on dira

Une couple heureux, voilà

Comme John et Liz

Edwards

That is

Rewards

De la vie d'amoureux

Toi et moi tous les deux

CONTÉ
(pour Sarah)

Si on m'avait conté qu'un jour

Je rencontrerais une femme aussi merveilleuse

Aussi désireuse

Aussi amoureuse

Je ne l'aurais pas cru

J'aurais été incrédule

J'aurais pensé que ce fût une bévue

Pas pour moi, c'est trop bien

Elle est trop parfaite

Ne serait-ce qu'une défaite

Mais les circonstances

Ont fait que ta présence

Est maintenant requise

Avec moi tu es exquise

Je te veux plus longtemps

Que la banquise

Parce que tu es ma marquise

Et que tu es conquise
Autant que moi
Je suis tout en émoi
Pour toi

COUCHÉ ENSEMBLE
(pour Christiane)

On a couché ensemble

On n'avait pas prévu

C'était bon il me semble

C'était bien impromptu

Ô l'amour nous rassemble

Nous fûmes interrompus

Chance, on ne saura pas

Notre étreinte fut cassée

Sera mieux prochaine fois

L'un dans l'autre retiré

Notre plaisir fut intense

Avions ouvert nos sens

Mais ce fut bien trop court

Pour consommer vraiment

Notre passion, aussi notre amour

Patience est nécessaire

Pour dév'lopper notre passion

Nous deviendrons une paire

Une belle transformation

Tu seras amoureuse

De moi

Tu seras langoureuse

Pour moi

Et ta sensualité

Sera mienne et tienne

Ô cette réalité

Ô combien quotidienne

COUP DE LUNE

Vue d'une terrasse
Vue d'un balcon
La lune m'éclaire

Toi la pétasse
Moi le vieux con
La lune en l'air

Tu te prélasses
Je prends des gnons
La lune qui flaire

Un ciel d'étoiles
Une nuit moins noire
La lune préside

Eclaire ma toile
Matin ou soir
La lune perfide

Je suis à poil
Tu dis au r'voir
La lune solide

DANS LES FAUBOURGS
(pour Christiane)

Dans les faubourgs

Mon cœur et moi

Se promènent pour

Te trouver toi

Ma belle de jour

Celle pour qui

Je suis tombé

En plein amour

Et j'ai dit oui

Dans les faubourgs

Et les allées

Plus de détours

Je suis porté

Vers toi c'est sûr

Je n'erre plus

J'ai fière allure

Et plus perdu

Dans les faubourgs
C'est des odeurs
Qui sentent l'amour
C'est toi mon cœur

DANS UNE CHAMBRE D'HÔTEL
(pour Christiane)

Dans une chambre d'hôtel

Je pense à toi, ma belle

Toi mon amour, ma fée

Toujours dans mes pensées

Je voudrais partager

Cette chambre et te border

Te mettre sur ma couche

T'embrasser sur la bouche

Parcourir doucement

Ton corps se languissant

De ma fougue amoureuse

Mon ardeur langoureuse

Je voudrais te charmer

Te faire t'envoler

Vers des cieux de plaisir

Consommer nos désirs

Dans une chambre d'hôtel

DÉCOLLETÉ
(pour Christiane)

Décolleté

Enveloppé

Développé

Ah! Suggéré

Si raffiné

J'aime regarder

Décolleté

J'aime le scruter

J'aime le toucher

J'aime le goûter

Décolleté

Beau et plongé

Plaisir désiré

Tétons dessinés

Sur toi si sculptés

Poitrine affûtée

Décolleté

Ah! Gourmandise et

Ça me fait tant d'effet
Tu es une belle fée
Je veux t'enlacer
Je veux l'embrasser
Ton décolleté
Désirs assurés

DÉLECTATION
(pour Christiane)

Tes tétons sont pointus

C'est comme j'aime, vois-tu

Avec délectation

Je les suce et les lèche

Et c'est l'excitation

De tes fibres et tes mèches

C'est ta bouche qui s'embrase

Tu gémis de plaisir

Et avec tant d'extase

C'est à n'en plus finir

Je te veux ça c'est sûr

Toute la nuit bien sûr

Aussi longtemps que je vis

Je te veux dans ma vie

DÉROBER

Dérober c'est

Moins que voler

Plus subtile que

Demander et

Un rien mieux que

Subtiliser

Je voudrais ce soir

Dérober ton corps

Pour pouvoir te voir

Te jeter un sort

Dérober ton âme

T'envouter un peu

Te combler de charme

Pour être tous les deux

Dérober ta peau

T'embrasser sans cesse

Si loin des tripots

Parcourir tes fesses

Dérober l'amour

Que tu me portes tant

Etre avec toi toujours

Parce que je t'aime tant

DÉSINVOLTURE
(état d'âme)

Désinvolture

Dans la rupture

Désinvolture

Dans l'ouverture

Désinvolture

C'est ma culture

Dorénavant

S'ra mieux qu'avant

L'amour ne dure

Jamais longtemps

Il est grand temps

Que je m'amuse

Finies les buses

Les femmes ça va

Si je suis las

Les femmes ça vient

Ça fait du bien

Les femmes chiatiques
M'donnent la colique
Désinvolture
Sera ma cure

DIMANCHE MATIN

Réveil malin
Réveil de nain
Réveil serein
Réveil d'entrain

Réveil marche
Réveil levé
Réveil d'été
Réveil entier

Réveil de bois
Réveil d'aloi
Réveil sans toit
Réveil sans foie

Réveil de plomb
Réveil de con
Réveil d'aplomb
Réveil d'un bond

DONNÉ
(à Sarah)

Il m'a été donné

Et j'en fus bien surpris

De trouver ma poupée

Elle m'a tellement appris

Sur l'amour, sur l'été

Et ça c'est pour la vie

Elle a pu me donner

 Son amour, ses envies

J'ai découvert l'amour

Celui qu'elle m'a donné

Ce sera pour toujours

Oui puisqu'elle s'est donnée

Je voudrais qu'elle me chante

A loisir ses désirs

Et ce pour qu'elle me vante

Le raisons du plaisir

C'est elle qui m'a donné

Une espérance de vie

Suis pourtant étonné

J'en ai tellement envie

Il m'a été donné

De tomber amoureux

Je ne peux m'empêcher

Ô de voir dans ses yeux

Ce qu'j'ai tant recherché

Je suis le plus chanceux

De tous les amoureux

DORMIR SEUL
(pour Christiane)

Dormir seul

Sans toi, c'est

Difficile

Un linceul

Penser, mais

C'est facile

Attendre que

Tu me viennes

Dans mes bras

Et puisque

Tu es mienne

Je suis là

Des bisous

J'en veux plein

Et t'attendre

Oui partout

Je suis tien

Pour nous prendre

Espérance

De te voir

T'embrasser

Délivrance

C'est te voir

Pour s'aimer

Toute la nuit

Avec toi

Côte à côte

Oui, on jouit

Toi et moi

On s'tripote

EFFLUVES

Les effluves de mon cœur

Me transportent de bonheur

Les senteurs de tes fleurs

M'éloignent du malheur

Car tu es mon âme sœur

Je suis ton jambon beurre

Tant qu'il y aura une lueur

Que nous puissions en cœur

Partager toutes les fleurs

Ces pétales de bonheur

Pour toi battra mon cœur

Et sans autre faveur

Et surtout sans un leurre

Que jamais notre amour

Toi et moi ne se meurt

Nous serons pour toujours

Dans chacun de nos cœurs

Toi et moi le bonheur

Ce sera pour nous l'heure

ELLE
(parlant de Christiane)

Je suis tombé dessus

Je suis tombé sur elle

Mon dieu! Qu'elle est si belle

Quelle que soit sa tenue

Son charme m'époustoufle

A en perdre mon souffle

Elle est vraiment pour moi

Je suis tout en émoi

C'est elle, oui, que je veux

Elle et moi tous les deux

EMBRASSE (Conjugué)

(pour Christiane)

Quand tu m'embrasses

Je suis aux anges

J'aime ta bouche

Quand tu m'embrasses

Sans que ça change

Rien de bien louche

Quand je t'embrasse

Suis dans un monde

De pur bonheur

Quand je t'embrasse

Plaisirs inondent

Les temps, les heures

Quand tu m'embrasses

Défilent et se passent

Ô continuent

Encore, encore

Quand tu m'embrasses

Nous sommes nus

Plaisirs des pores

Quand je t'embrasse

Odeurs s'emmêlent

Ô volupté

Quand on s'embrasse

Orgasmes déferlent

Exacerbés

Quand on s'embrasse

Désirs à deux

Deux amoureux

Quand tu m'embrasses

Je goûte ta bouche

Tu me délectes

Quand tu m'embrasses

C'est à la louche

Que tu m'inspectes

Quand on s'embrasse

Le temps s'arrête

Tout est très net

Quand on s'embrasse

Sans lassitude

Une habitude

Quand on s'embrasse

À adopter

Sensualité

Corps embrasés

EN MANQUE
(à Sarah)

Tel un écolier

Privé de goûter

Tel un musicien

Privé de ses notes

Tel un petit chien

Privé de ses potes

J'suis en manque de toi

Tel un vieux drogué

Privé de son fixe

Tel un obsédé

Avec idées fixes

Tel un jeune enfant

Sans sa belle maman

J'suis en manque de toi

Tu n'es pas si loin
C'est un fait tu sais
Que tu sois près, loin
Quand je te vois pas
J'suis en manque de toi

EN MOTO

Faire de la moto

C'est jouer au loto

La circulation

C'est une procession

Véhicules qui roulent

Moto dans la foule

Fait pas attention

C'est l'interruption

Accident fatal

Arrache ton futal

Décapite ton casque

Maintenant le masque

De la peur

De la mort

Frères et sœurs

Jettent un sort

Pour pouvoir survivre

Il faut savoir vivre

Sans jouer avec la chance

Ou c'est la malchance

Tu vis en moto

Tu meurs au loto

EN VOITURE AVEC TOI
(pour Christiane)

En voiture avec toi

On discute, on rigole

On écoute la musique

En voiture avec toi

Les moucherons qui collent

Observer ta tunique

En voiture avec toi

T'écouter me parler

Histoires de Miami

En voiture avec toi

Conduire et t'embrasser

Ton visage me sourit

L'aventure avec toi

Embarquons nos plaisirs

Voyageons toi et moi

Destinations: désirs

ÉNERGIE POSITIVE
(pour Christiane)

Énergie positive

Influence requise

Ô esprit amoureux

Sentiments langoureux

Possibilités admises

Volonté incroyable

Agilité soumise

Á l'amour c'est capable

Légèreté des pieds

Attitude infaillible

Désirs et volupté

Amour tout est possible

Invincibilité

Toutes possibilités

ESPOIR
(pour Christiane)

Je vais me coucher

Mon cœur est serré

Mais j'ai bon espoir

Tu vas me toucher

Je suis désiré

Je vais te revoir

Dans une semaine

Ou dans un jour

Après travail

Cassée la chaîne

Place à l'amour

Tu es ma caille

Lumière du jour

ÉTÉ 09

C'est en cette belle saison

Il m'a été donne

D'enfin connaitre l'amour

Sans même une raison

Elle est venue nommée

Plus belle femme que toujours

Je puisse enfin aimer

J'ai vécu avec elle

Les plus beaux jours qu'homme

Puisse donner et connaitre

Saveurs le jour et belles

Nuits d'amour, c'était comme

Il m'était dit de naitre

J'ai partage ses rêves

Ses angoisses et ses pleurs

Sa couche, sa douche, ses rires

J'ai goute à sa fève

Je l'aimerai avec lueur

De la revoir sourire

Enfin qu'elle soit conquise

Je veux bien ton amour

Je t'aime, aime-moi toujours

ÉTOFFE
(à Pascale)

Étoffe est un mot

Synonyme de beauté

Une étoffe c'est chaud

Confort apaisé

Etoffe de mon cœur

Amour mesuré

Etoffe de l'humeur

Sourire accepté

Etoffe en saison

Chaleur effacée

Étoffe d'un flocon

L'hiver arrivé

Etoffe synonyme

D'épanouir le corps

Etoffe anonyme

C'est pas pour les porcs

EUSE
(pour Christiane)

Tu es gracieuse

Tu es chanteuse

Tu es danseuse

Tu es artiste

Tu n'es pas triste

Tu es pianiste

Tu es sensuelle

Tu es si belle

 Tu es nouvelle

FEMMES

O femmes je vous aime

Disait la chanson

Et toujours elles sèment

Le manque de raison

Les âges sont les mêmes

En toutes saisons

Trouvée au harem

Ou a la maison

Toutes ces femmes ne m'aiment

Plus à l'unisson

Ô femmes je vous aime

Disait la chanson

Où sont leurs « je t'aime »

Où est la passion

Moi je suis le même

Ou devenu con

Et la femme que j'aime

Ne sait plus mon nom

FOURRÉ
(à Robyn prononcé comme « bobine »)

Elle m'a emmené

Ô dans les fourrés

Quand on a fourré

On était bourré

Quand je l'ai bourrée

Elle a pris son pied

Et tous les fourrés

Piquaient ses nénés

Quand elle m'a sucé

Bien qu'étant bourrée

Moi j'ai apprécié

A poil on était

Bien après minuit

On était défait

Sans avoir d'ennuis

Quand on s'est quitté

Non loin des fourrés

Un peu moins bourrés

Mais très satisfait

D'avoir bien bourré

FROID
(au séjour de Déc. 07)

J'ai eu froid

Dans mon lit

Quel effroi

Quel ennui

Un peu seul

Pieds gelés

Un linceul

Frigéré

C'est moins onze

Dans la nuit

Œil de bronze

Rétréci

FUMEUR

Je suis fumeur

De bonne humeur

Quand je m'arrête

Je fais la tête

J'aime la clope

Dans les échoppes

Dans les cafés

De tout l'été

Mais la toux

Me tien debout

Mes cigarettes

Sont balayette

Je suis fumeur

Mais il est l'heure

J'en ai bien peur

De m'arrêter

Ne plus tousser

Ne plus fumer

Pour un fumeur

C'est du labeur

GASPILLÉ
(pour Christiane)

Amour dispersé

Réalisation née

Amour emporté

Frustration créée

Maintenant c'est bon

Dorénavant con

Plus rien ne subsiste

Ni même ne résiste

Ton attitude fuit

Sans gratitude nuit

Relation perdue

Pourquoi? Qui l'eût cru?

Tu as gaspillé

Notre amour enjoué

Faire ce que tu veux

Notre présent est vieux

Futur impossible

Ce n'est plus possible

Tu t'es joué de moi

M'a pris pour le roi

Des cons, et sensible

Mais tu es paisible

Sans regrets, remords

Pour toi je suis mort

Mes efforts oubliés

Gentillesse évincée

Pour ton indépendance

Tu es seule en France

Regretteras-tu un jour

D'avoir jeté notre amour

Pour libérer la pression

De mon amour maison

Maladroit je le fus

Mais sincère du début

Malheureuse tu le seras

Toujours, avec ou sans moi

GESTES

Ses gestes précis

Lorsqu'elle agit

Ses habitudes

Sans amplitude

Lui donne ce charme

Qu'est sans vacarme

Et son assise

Elle est exquise

La robustesse

De ses promesses

La légèr'té

En cet été

Ses petits pieds

Si bien lui sied

Ses gestes précis

J'en suis épris

Sans prévenir

J'vais en rougir

Quand sa douceur

Lui donne mon cœur

Elle ne bouge plus

J'suis dépourvu

GLANER

Glaner des fleurs

En ton honneur

Glaner mon cœur

Lorsque l'humeur

Est à l'heure

Glaner le leurre

D'un vrai bonheur

Glaner l'odeur

Et tes senteurs

Glaner la lueur

M'ouvre le cœur

Glaner des fleurs

Pour toi mon cœur

GOUFFRE DE PADIRAC

Il est apparu

Des millions d'années

Dans un trou perdu

Il a prospéré

Découvert plus tard

Visité depuis

Naturel rempart

Tout au fond d'un puits

Stalactites géants

Rivière souterraine

C'est impressionnant

La nature est reine

Stalagmites foisonnent

Dans ce lieu suprême

Touristes empoisonnent

Et moi j'en reste blême

C'est bien dans ce gouffre

Que Padirac souffre

GRÂCE À TOI
(pour Christiane)

Grâce à toi j'ai le sourire

Le matin à mon réveil

Et crois-moi j'ai vu bien pire

Sourire la journée, en veille

C'est un plaisir en sommeil

Ça n'm'est jamais arrivé

En somme, with you, je suis comblé

Nous ferons l'amour un jour prochain

En parfaite union jusqu'au matin

Ô ça fait bien longtemps

Tu sais que je t'attends

Et je veux partager ma vie

Avec toi tous mes jours et nuits

Christiane, pour moi c'est parfait

Car tu combles tous mes souhaits

On le lis dans nos yeux

Je t'aime

Tu m'aimes

C'est l'essentiel

Pour nous, le ciel!!

HANNAH

Je te découvre

A chaque fois

Lorsque j'entrouvre

Ta porte tu vois

Tu es gracieuse

Tu es sourire

Si peu soucieuse

De mes désirs

Te regarder

Est un plaisir

Te contempler

J'ai connu pire

Ta peau est lisse

Je l'imagine

Un vrai délice

Tu as belle mine

Un corps de rêve

Ca c'est normal

Tu es la fève

En moins banal

Tes yeux amandes

Je les consomme

Je me demande

Si c'est ta pomme

Que j'aime le plus

Ou bien ta voix

Si agréable

J'en f'rais mon choix

Sans préalable

Ou ta manière

 De t'habiller

Comme une chimère

Qui bien te sied

Quoiqu'il en soit

Je suis conquis

Hannah c'est toi

Tu es jolie

RETSEH

J'aime tes yeux

Bleu comme la mer profonde

Je plonge dedans

N'en ressort que pour respirer

Ton corps élancé

Et tes seins de sirène

Je les veux tant

Tu émane la douceur

Et avec moi

Tu respires la langueur

Tes pas flottes sur les paves

J'hume ton odeur

Tu m'enivres de désirs

Ta voix m'apaise

Et même me rassure

Ton amour est fort et pur

Comme tes peintures, comme ta peinture

Je veux m'allonger

Avec toi toujours avec toi

En lisière de cette vie
Qui nous accueille
Prendre ta main
Y rentrer avec toi
Et la parcourir aussi longtemps que tu voudras

HEUREUSEMENT
(pour Christiane)

Évolution des goûts

Révolution, remous

Influence des choses

Affluence de prose

Poésie choisie

Poèmes définis

Par notre relation

Par notre construction

Tantôt la distance

Tantôt la souffrance

Tantôt la gaieté

Tantôt l'anxiété

Ô heureusement

C'est l'amour qui nous guide

Cet amour pas rigide

Évolue avec nous

Au gré ou malgré nous

Changement ou progrès

Nous dictons ça de près

J'ACCEPTE
(pour Christiane)

Tes sourires

Tes plaisirs

J'accepte

Tes humeurs

Ta douceur

J'accepte

Tes senteurs

Et ton cœur

J'accepte

Tes angoisses

J'y fais face

J'accepte

Ton esprit

Et tes ouïs

J'accepte

Tes options

Et tes nons

J'accepte

Ton amour

Qu'il m'entoure

J'accepte

Ta passion

Tes passions

J'accepte

Prends ton temps

J'ai le temps

J'accepte

Ta distance

Réticence

J'accepte

Tes bisous

J'en suis fou

J'accepte

C'est vrai j'aime

Que tu m'aimes

J'accepte

Car c'est moi

Qui pour toi

Toujours là

J'accepte

JAMAIS CONTENT
(état d'âme)

La sollicitude

D'un sollicite

Pas la solitude

Ô D'un mal aimé

On a l'habitude

D'être demandé

Ou la certitude

D'être délaissé

Que ce soit l'un ou

L'autre, on n'est jamais

Ô non point du tout

Du genre satisfait

On dit que les femmes

Sont bien difficiles

Mais les hommes dans l'âme

Sont bien moins faciles

Les jeux de l'amour

Ne sont pas paisibles
Sans issue d'secours
On est tous sensibles

JE L'AIME

J'aime sa frimousse

J'aime comme elle tousse

J'aime quand elle dance

J'aime mes avances

J'aime sa silhouette

J'aime même ses couettes

J'aime ses yeux bleus

J'aime ses cheveux

J'aime ses sourcils

J'l'aime endormie

J'aime tout chez elle

Elle est si belle

J'l'aime pour tout ça

Et plus encore

Elle ne l'sais pas

Que faire alors ?

JE ME SOUVIENS
(pour Christiane)

Je me souviens

Premier baiser

Langue délayé

Je me souviens

De nuits d'amour

Pensant à rien

Ou à toujours

Je me souviens

Premier je t'aime

Comme le soleil

Celui qu'on aime

Pas en bouteille

Au creux d'la main

Je me souviens

Quand tu as dit

"Je suis fin prête"

Je te dis oui

Tu es secrète

Je me souviens

De nos plaisirs

Tant assouvis

On a pu jouir

En même temps, dis!

Je me souviens

De mes promesses

Elles étaient bien

Comme mes caresses

Je me souviens

De tant de choses

Ne regrette rien

Le temps morose

Est installé

Mes souvenirs

Resterons pour

Toi, espérer

Pourras-tu un jour

Encore m'aimer

Pourrons-nous être

Encore ensemble

On le saura

Un de ces jours

Le temps dira

Si notre amour

Nous renaîtra

J'aimerais l'savoir

Mais la surprise

Te f'ras avoir

Sur moi l'emprise

A jamais, j s'rais

Ton homme à toi

Si tu voulais

On verra bien

En attendant

Je me souviens

JE PENSE A TOI

Qu'il fasse jour, nuit

Que je sois las

Ou plein d'envies

Je pense à toi

Occupé à

M'activer où

En pensées floues

Je pense à toi

Ça m'illumine

Ton visage là

J'ai meilleur mine

Je pense à toi

Aux choses passées

C'qu'on pourrait faire

Toi, moi penser

Ne peux me taire

Moments tranquilles

Je n'en veux pas

Je suis fébrile

Je pense à toi

Souvenirs gais

L'espoir est là

Etre plus près

Je pense à toi

Oui, tous les jours

C'est comme la foi

Celle d'un amour

Je pense à toi

Et toi?

JE T'AI ATTENDUE
(pour Christiane)

Au pied d'un arbre

Au coin d'une rue

Avec la barbe

Je t'ai attendue

Attendue Attendue Attendue

Avec une bonne bière

Dans un bar connu

Sur un chemin vers

Je t'ai attendue

Attendue Attendue Attendue

Au milieu d'une cour

Avec échelle tordue

J'ai fait des détours

Je t'ai attendue

Attendue Attendue Attendue

En bus, en vélo

Des gens, j'en ai vu

En bas, puis en haut

Je t'ai attendue

Attendue Attendue Attendue

Je cherchais en vain

Lorsque je t'ai vu

Apparue soudain

Je ne t'attends plus

Puisque tu es là

Je découvre enfin

L'amour avec toi

Deux, mains dans la main

Attendue Attendue Attendue

Plus plus plus plus plus

JE TE CÉLÈBRE
(pour Christiane)

Je te célèbre

Ô tous les jours

Je te célèbre

Oui mon amour

Je te célèbre

De plus en plus

Je te célèbre

Vive le surplus

Je te célèbre

Fête communale

Je te célèbre

Fête nationale

Je te célèbre

Ô quelle joie

Je te célèbre

Enfin, c'est toi

Je te célèbre

Vouloir, pouvoir

Je te célèbre

Du verbe avoir

Je te célèbre

Adjectifs, noms

Je te célèbre

Toi mon pronom

Je te célèbre

Superlatifs

Je te célèbre

Sans transitif

Je te célèbre

Dans le présent

Je te célèbre

Sans faire semblant

Je te célèbre

Pour toujours

Mon bel amour

JE TREMBLE
(à Sarah)

Je tremble

De n'être qu'un souvenir

Pour toi dans l'avenir

Je tremble

A l'idée de te voir

Excitation le soir

Je tremble

Trop content de pouvoir

T'embrasser et savoir

Je tremble

D'être heureux avec toi

Passer du temps toi moi

Je tremble

Chaque partie de mon corps

Mes sentiments sont forts

Je tremble

D'être trop passionné

Mais heureux de t'aimer

JE VOUDRAIS
(pour Christiane)

Je voudrais te serrer

Dans mes bras

Je voudrais te murmurer

Tout bas

Des "je t'aime"

Je voudrais t'embrasser

À en perdre l'haleine

Mais il faut que

Tu le veuilles que

Tu sois prête que

Tu sois sereine

Pour que l'on s'aime

Autant tous les deux

J'attendrais, je patienterais

Car la patience

Sera ma science

Sera notre chance

JOUR ET NUIT
(pour Nicole)

Je pense à toi

Jour et nuit

Tu es en moi

Tous les jours

C'est de l'amour

Je suis en toi

Toutes les nuits

Tu es ma vie

Jour et nuit

Nicole ma chérie

Tu m'as trouvé

Ça c'est inouï

Je t'ai cherché

Toute ma vie

Je te veux à présent

Etre avec toi

Tout le temps

C'est ce que je vois

Grâce à toi

Tu es l'amour de ma vie

Jour et nuit

Tes yeux pétillent

Tes seins scintillent

Ton nombril qui brille

Tes jolies petites fesses

C'est vrai je confesse

Sucer le bout de tes pieds

C'est un plaisir démesuré

J'adore embrasser ton cou

Je t'aime comme un fou

Je veux baiser tes lèvres

A m'en décoller la plèvre

J'aime savourer ton parfum

Sur moi, sur toi et dans ton bain

Tu es mon air

Et ta chair

Est mon énergie

Jour et nuit

Tu es l'essence féminine

Qui m'illumine

Avec toi je suis en vie

Jour et nuit

L'ART DE NÉGLIGER

Il existe une femme qui a

Perfectionné avec du temps

L'art de négliger les gens

Mari, enfants et même les chats

C'est une recette facile

Un subterfuge habile

Il suffit d'un semblant d'amour

Un tout petit peu tous les jours

D'un soupçon de douceur

Pour amadouer le cœur

D'un grain d'hypocrisie mais pas

Trop pour maintenir la magie

Et les gens pensent être aimé

Mais en fait ils sont négligés

Maintenant son mari est parti

Et une fois les enfants grandis

Eux aussi partiront

C'est vraiment très con

De négliger les gens

Un peu tout le temps

L'ESPOIR EST PARTI
(pour Christiane)

L'espoir est parti

Avec mon envie

Ô de te revoir

Je pense c'est fini

Sans doute ta manie

De me décevoir

Que c'est bien dommage

Des cœurs en ravage

C'est bien du gâchis

Avec tant d'outrages

Et ta presque rage

J'ai très vite compris

Ça continuerait

Ni l'un ni l'autre vrai

En s'envenimant

Tu es forte et femme

Avec états d'âme

En plus rugissant

Ton indépendance

Sera délivrance

Dis-moi à quel prix

Prendras-tu l'avance

Et moins de souffrance

Et tout ça même si

L'espoir est parti

Gone, évaporé

Comment, pourquoi, dis

Faut-il en parler?

L'ESPRIT JOUE DES TOURS
(pour Christiane)

Ô pensée unique

Fantasmagorique

C'est catégorique

Attention

L'esprit joue des tours

Pensées de velours

Reflets de l'amour

La Passion

Avec vigilance

Sans être en transe

Ni trop d'influence

Réactions

Sont à mesurer

Sentiments gardés

Dialogue assurés

L'esprit joue des tours

Mais il reste l'amour

L'ESSENTIEL

(pour Christiane)

Tu es l'essence

De tous mes sens

C'est l'essentiel

Dans ma cervelle

Quand je navigue

Dans ton ciel bleu

Et sans fatigue

Tu m'donnes la jigue

Jigue Jigue Jigue

C'est fabuleux

Quand on est ensemble

Ô mais il me semble

Que tous ces cieux

Sont pour nous deux

Maîtres des lieux

Au petit jour

Voix de velours

La volupté

De ta peau

Sensualité

Vu d'en haut

Toi mon amour

Enflamme mon cœur

Agrandi pour

Recevoir les fleurs

De notre union

Sans trait d'union

On épèle bonheur

L'ÉTREINTE

L'étreinte d'une femme

Au creux du lit

Sentir cette flamme

Et ses envies

Paisible repos

Câlins câlins

Peau contre peau

Ça fait du bien

Sommeil d'une femme

L'envie s'révèle

Pour cette dame

Et tout près d'elle

Souffle d'une femme

Elle, endormie

Remplie mon âme

Je suis soumis

L'étreinte d'une

Sera ma paix

LA RUPTURE
(pour Nicole)

Je me souviens d'une nuit sans lune

Je me souviens d'une femme

Celle sans état d'âme

Elle aura vécu notre relation

Et ce sans passion

Je rêvais d'oisiveté

Elle rêvait de prospérité

Elle aurait préféré l'amour d'une

Personne sans être dérangée

D'un homme sans être ennuyée

A son rythme à elle

Sans risque pour elle

Sans courage de l'admettre

Elle ne m'a pas dit peut-être

A la fin de notre relation

Elle n'a pas eu de réaction

C'était peut-être ça l'amour

Pour elle, c'est sans retour

Ça fait mal la rupture,

Mais moins qu'une suture

Je n'ai pas eu la patience

De la laisser s'épanouir

J'ai construit la potence

Pour la laisser s'évanouir

De cette relation sans passion

De son absence de réaction

Maintenant c'est bien fini

Et c'est sans doute pour la vie

LA SAISON DES TÉ
(à la fête de Noël)

La convivialité

La convivialité

C'est quoi au juste la convivialité

La générosité

La générosité

C'est quoi au juste la générosité

Se faire plaisir à soi

Mais ça c'est plus de l'oisiveté

Ou faire plaisir à toi

C'est p't-être ça la générosité

Et faire plaisir aux autres

En partageant comme des apôtres

En invitant les nôtres les vôtres

C'est sans doute ça la convivialité

On est censé donner donner

On est censé donner donner

Et qu'en est-il d'ouvrir son cœur

Pour embrasser tel frère telle sœur

Est-ce en fait la saison de la peur

Celle du bonheur ou des malheurs

Je ne sais plus je ne sais pas

Moi je vous l'dit ON ne sait pas

La convivialité

La générosité

C'est partager

Pour les aimés

Pas l'étranger

La sincérité

La sincérité

C'est quoi au juste la sincérité

Dire que je t'aime et que tu m'aimes

Et si c'est vrai c'est bien quand même

La prospérité

La prospérité

C'est quoi au juste la prospérité

C'est tout garder c'est tout garder

Sans partager sans partager

Tout pour montrer tout à montrer

Sans partager sans amitié

Prospérité sans amitié

Est-ce possible est-ce possible

La pauvreté sans être aimé

Impassible Impossible

Perspicacité Sérénité

Sont des valeurs comme honnêteté

Comme amitié ensemble l'été

En cette saison un peu ratée

Générosité un peu biaisée

La gentillesse c'est un baiser

La gentillesse c'est un baiser

Ma maladresse c'est d'espérer

Tel un moutard tel un bébé

Que l'Père Noël viendra m'aider

Que l'Père Noël saura m'aimer

LA CANOURGUE

Dans la splendeur

D'une ville d'Aubrac

L'azur du ciel

D'un bleu à l'heure

Un nuage craque

D'un blanc sans miel

Immensité

De bleues montagnes

Anciens volcans

Verts édifiés

L'amour me gagne

Moi tire-au-flanc

Village nature

Terre d'adoption

Je vais je fourgue

Mes moments durs

Douce sensation

C'est La Canourgue

LA PLUIE
(pour Christiane)

La pluie qui tombe

Résonne sur le toit

Quand c'est en trombes

J'aime être avec toi

La pluie ruisselle

Sur la nuit dehors

Ça m'ensorcèle

Même quand je dors

La pluie te mouille

Et révèle tes formes

Déshabille et fouille

Ça c'est un peu porn

La pluie c'est bien

À l'abri à deux

Jusqu'au matin

La pluie d'amoureux

LE CUL DE LA FLEURISTE

Elle est nouvelle

Elle est exquise

Peut-être belle

Je m'en avise

Dimanche matin

Ses fleurs dehors

Je la vois bien

Son cul ressort

Il est tout rond

Et moule son jean

Il serait bon

Là sur ma pine

C'est une fleuriste

Aux talons hauts

J'vais sur sa piste

Ce sera chaud

LE GOÛT
(pour Christiane)

Le goût de ta peau

Excite mes papilles

Sur ma langue titille

Quand frissonne mon dos

Le goût de tes seins

Durcissent et se donnent

Ma langue s'abandonne

Ton plaisir est mien

Le goût de tes lèvres

Sensuelles et soumises

M'ensorcèle exquises

Me donne la fièvre

Le goût de ta nuque

Cheveux dégagés

Plaisir partagé

C'est vraiment mon truc

Goûter ci et ça

Si ton corps pour moi
Se trémousse et puis
Me réclame la nuit
Pour toi, oui, je jouis

LE MATIN

(à Sarah)

Le matin sème le soleil

Les amants s'aiment sans sommeil

La brise matinale souffle bien

Ils sont là et n'attendent rien

Les cheveux ébouriffés

D'une belle nuit emportée

Ils échangent regards furtifs

Ils ne sont plus fugitifs

De leur raison et leur passion

Le matin apporte sensations

L'air est frais et magistral

D'une passion si matinale

Sans promesse ni tourments, ils

Se sont aimés jusqu'aux cils

Ignorants presque tout et pour

Consommer désirs de velours

Ils seront ravis pour l'heure

Du matin de toutes ces fleurs

LE POUVOIR
(à Sarah)

Le pouvoir d'un baiser

Blotti contre ton corps

Est capable d'apaiser

Les esprits les plus forts

Le pouvoir d'un baiser

Infiniment goûtu

Ne sera pas lésé

Par quelqu'un d'incongru

Le pouvoir d'un baiser

Comme le tien est si fort

J'en suis fort bien aisé

Ça me donne du ressort

Le pouvoir d'un baiser

Donne de fortes émotions

Il n'est jamais biaisé

Et transporte les passions

LE SOLEIL SE LÈVE (SUR LA VILLE)

Le soleil se lève

Sur la ville

 Intensité bleue

Sur mes cils

La force de l'orange

Sur les yeux

Sans doute ce mélange

Amoureux

Les couleurs se lèvent

Bidonville

Eblouissement

Pas fébrile

Ensoleillement

Sur la ville

Plus rien ne se cache

Et jaillit

Les couleurs s'arrachent

De la nuit

LE TEMPS
(pour Christiane)

Le temps s'écoule

Le temps qui passe

Je te vois cool

Tu me dépasse

 Mais si je coule

Toi tu m'embrasses

Me secourir

Tu peux le faire

Mais sans courir

Le temps ça sert

Aussi les jours

Notre avenir

Sera l'amour

Pour nous vêtir

Chaud notre amour

LE CHOIX DE MES MOTS
(pour Christiane)

Le choix de mes mots

Pour toi

Multiples et variés

Le choix de mes mots

Pour toi

Diverses et pariés

Le choix de mes mots

Pour toi

Profonds et honnêtes

Le choix de mes mots

Pour toi

J'espère sont chouettes

Le choix de mes mots

Pour toi

Amour et passion

Le choix de mes mots

Pour toi

Toujours sensations

LES ADOS

C'est un âge ingrat
Hormones en éveil
Visage en sommeil
Émanant du rat

Boutons sur le front
Comédons foisonnent
Une tête de con
Parents empoisonnent

Excités du bas
Esprit peu subtil
Toujours un peu las
Mais jamais tranquille

D'une joie précaire
Questions en corolle
Même quand le vicaire
A pris son envol

Les ados m'agacent
You tube et My Space
Moi ils me les cassent
Et toute leur espèce

LES TOITS

Les toits d'un village
Les toits d'une grande ville
Empêchent le pillage
D'une maison de ville

Bloquent tant la vue
D'un sanctuaire alpin
D'une beauf' tout poilu
D'un hameau voisin

Vus de la montagne
Ils paraissent petits
Nus dans la campagne
Ils offrent la vie

Les toits rouges ou gris
En tuile ou en lauze
Abritent les souris
Que nul n'expose

Ardoise ou en chaume
Ils offrent au maçon
Celui dont les paumes
Restent sans savon

LES ÉTAPES DE L'AMOUR
(pour Christiane)

Les étapes de l'amour

Nous devons les franchir

Des seuils pour le toujours

Une à une et agir

Les étapes de l'amour

Seront parfois tortueuses

Mais patience et velours

Nous les ferons gravir

Les étapes de l'amour

Toi et moi nous serons

Ensemble ce sera pour

Le bonheur nous verrons

Les étapes de l'amour

Pour construire l'avenir

Ces portes de l'amour

Accueill'rons notre sourire

LES GENS S'ESSOUFFLENT

Les gens se prennent

Les gens se tiennent

Mais quand ils s'aiment

Sont plus les mêmes

Peur envahit

D'être tant épris

Les gens s'essoufflent

Ce manque de souffle

Mais d'où vient-il

C'est bien débile

Comprendre le cœur

Gérer l'bonheur

On n'aime pas

A petits pas

Quand on aime fort

Jamais de tort

C'est simple la vie

Soyons aussi

Honnêtes et vrais

Ça, ça me plait

Les gens s'essoufflent

Ça m'époustoufle

LES HUMEURS CHANGENT
(pour Christiane)

Bonne humeur

Tout va très bien

Sourire à l'heure

L'amour c'est bien

Mauvaise humeur

Questions posées

Mais c'est pas l'heure

Bisous manqués

Les humeurs changent

Ça peut arriver

Si l'amour change

Comment l'expliquer

Communication

Explications

Sans tergiverser

LES JEUX QU'ON JOUE
(pour Christiane)

On s'tient debout

Sourit et tout

C'est bien mais nous

Les jeux qu'on joue

Je te veux, puis

Tu me veux, suit

Une fois émois

Après plus moi

Les jeux qu'on joue

L'amour c'est nous

Toujours c'est rien

Tantôt le tien

On y pense et

On avance mais

Les jeux qu'on joue

Nous honorent nous

Parfois détruisent

Confiance remise

Attention aux jeux

Parc'que tous les deux

Jeu dangereux

Tient sur un fil

Couvert nombril

Froncés sourcils

Tantôt debout

Érecté, fier

Ou à genoux

Tout de travers

Avec les jeux

Parfois on gagne

C'est merveilleux

Parfois le bagne

C'est dangereux

Les jeux qu'on joue

Bonheur pour nous

Mais tous les deux

Si amoureux

Ne jouons pas

Les émotions

Prenons les pas

Faire attention

L'amour préserve

Aussi réserve

Bonheur c'est nous

Malheur sans nous

Les jeux qu'on joue

LES MOCHES

Dans les allées

D'aéroport

Dans les couloirs

De toutes les gares

Même dans les ports

L'hiver l'été

Tous les touristes

Les voyageurs

Les voyageuses

Même amoureuses

Tous les râleurs

Ce n'est pas triste

Ils sont tous moches

De loin comme proche

LIGNE DE DOS

De bas en haut
Je la parcours
Ligne de dos
Ça y est j'accours

Ses omoplates
Parfait dessin
De mes mains plates
C'est mon dessein

Jusqu'à ses hanches
Je m'y accroche
Comme à une branche
Sans anicroche

Courbes sublimes
Quand je les lèche
Dansent mes rimes
Dans sa calèche

Grains de beauté
Pour savourer

Comme pour ponctuer

Et me livrer

Sur tout son dos

Rien de plus beau

LIMPIDE
(à mon cœur)

C'est limpide

C'est très clair

Translucide

Un éclair

Un cœur vide

Un cœur plein

C'est le bide

Ou c'est bien

On verra

Le futur

Nous dira

 Si c'est pur

Si on peut

Etre ensemble

Si nous deux

On s'assemble

LUMIÈRE

La lumière de tes yeux

Illumine le futur

Cette lueur est au bout

Du tunnel pour nous deux

Cet amour sera pur

Et le reste on s'en fout

Quelques soient les paliers

Traversant la clairière

Cheminer pour pouvoir

Atteindre et nous deux liés

A l'endroit, à l'envers

Lumière remplie d'espoir

Et nous guider ensemble

Le soleil et le jour

Nous les ferons briller

Sans danger tu ne trembles

La lumière c'est l'amour

Pour nous faire miroiter

Eblouir pour toujours

Du reflet de mon cœur
De l'éclat de tes yeux

MÉLANCOLIE
(état d'âme)

Je suis au lit

Je suis épris

Je suis tout seul

Dans mon linceul

Je suis si triste

Je suis artiste

Je suis surpris

Que j'ai mûri

Je ferme mon bec

J'essuie l'échec

Je suis l'hiver

Je suis un verre

Si vide si froid

Je suis en proie

Je suis l'oubli

Je suis fouillis

Mélancolie

M'a envahit

MIS DE CÔTÉ

(pour Christiane)

Voyagé

Énervé

Puis stressé

Colère née

Prononcée

Mots blessés

Maintenant

Oublié?

Évincé?

Ou chassé?

Ça dépend

Où en est

Eberlué

Critiqué

Ramassé

Moi j'attends

Sans manger

De savoir

Peu d'espoir

Retrouver

Bien aimée

Câliner

Fatigué

De parler

Temps d'aimer

Arrêtons

C'est trop con

Chamailler

Je veux plus

Être tendu

Dans tes bras

Ça ira

 M'oublie pas

Mis d'côté

Ah! Ça non!

Sois tranquille

Je t'aime

C'est facile

MOI AUSSI
(pour Christiane)

Si tu veux

Au milieu

De nous deux

C'est l'amour

Je suis pour

Sans détour

Ce sera

Plein d'éclat

Nos ébats

Qui l'eût cru

Qui l'eût vu

Ce début

J'suis chanceux

Merveilleux

Très heureux

Avec toi

 Plein d'émoi

Oui, crois-moi

Moi aussi

J'te le dis

J'ai envie

De toi…..

MON LIT
(pour Juanita)

Une femme est dans mon lit

Quand est-elle apparue?

C'était sans doute cette nuit

Maintenant elle est nue

Une femme est dans mon lit

Quand est-elle venue?

Son corps je l'ai pris

Manière soutenue

MON FILS S'EN VA
(pour Pascal)

Mon fils s'en va

Il est en droit

École finie

Enfance aussi

Adulte bientôt

Connaître les mots

Pour le guider

Sans trop l'aider

Évolution

Affirmation

Leçons reçues

Idées revues

Futur pour lui

Tout devant lui

Il apprendra

Il le faudra

Mon fils s'en va

MONDE A PART

C'est un monde à part

Dans lequel je vis

Je vais quelques parts

Tout seul je vous l'dit

A l'abri des gens

Je défie parfois

A l'abri du temps

Tout le monde même moi

Nouvelle Orléans

Assis dans un parc

A l'abri du vent

Je reprends mes marques

Je suis posé là

J'essaie de comprendre

Dans ce monde las

Où je vais me rendre

MONDE DE MERDE

(à Ezra)

On se dit écolo

On prend un café chaud

Dans une tasse en carton

Qu'on jett'ra pour de bon

On se dit écolo

Au comptoir d'un bistro

Mais on s'essuie les mains

Avec du sopalin

On se dit écolo

On n'aime pas avoir chaud

On conduit un 4 x 4

Au lieu d'y aller à pattes

On se dit écolo

Quand on boit une bière bio

On jette pas la bouteille
Au pays des merveilles

On se dit écolo
Quand on prend son vélo
On prend une cigarette
Mégot aux oubliettes

MOUVEMENT DE LANGUE
(pour Christiane)

J'ai souvent des visions

Que ta langue me parcourt

De tout mon corps en long

Plus qu'un désir d'amour

Volupté qui grandit

Puis petit à petit

Ta langue humide descend

Sur mon sexe le recouvre

Sang qui monte c'est dément

Ce plaisir me découvre

Sur ta langue cette saveur

Que c'est bon, oui! Mon cœur

Progression tu m'humectes

Sensations tu m' délectes

Toi tu mouilles, tu soupires

Apogée du plaisir

J'explose sur ta langue

Tu me goûte et m'avale
Puis ta langue sur ma langue
Je te prends dans ma bouche
Je te lèche sur ma couche

NICOLE

Cette femme qui lui brisa le cœur
Elle s'appelait Nicole
Il a dû la rendre folle
Et ça lui a fait peur

Cette femme qui lui brisa le cœur
Elle s'appelait Nicole
Il était devenu pot de colle?
Et c'était pas dans ses mœurs

Cette femme qui lui brisa le cœur
Elle s'appelait Nicole
D'un amour qui caracole
Il l'aimera toujours sans rancœur
Mais sera seul sans peur
Et sans sa Nicole

NON

Tu ne m'inspire pas

Ton corps me laisse las

Est-ce l'âge que tu as

Ton sourire béat

Les trucs que tu as

Tu me laisse si froid

Je n'veux pas de toi

En France ou ailleurs

Tes taches de rousseur

Je suis pas d'humeur

Te l'dire j'ai pas peur

Sans toi le bonheur

Maint'nant je m'en vais

Te laisse pour de vrai

NUMEROS AMOUREUX

Amour en 48

Une fée rousse apparue

M'a tourné l'cœur en 8

Il est dev'nu tout 9

Et nous ne faisions qu'1

Nous nous sommes pris à 2

C'était simple et sous d'1

Avec flamme et un feu

D'en rendre jaloux 10

C'est elle qui me requinque

En comptant jusqu'à 6

Il n'a fallu que 5

Pour que j'me mette en 4

C'est facile à comprendre

Mon cœur devant mes pattes

Je ne puis me méprendre

Je l'aime 1…2…3

C'est un show qui donne chaud

Et même par grand froid

Elle retire mes maux

Si le 7 est manquant
Ce n'est pas très gênant
Numéros amoureux
On est bien tous les 2

Ô! AH!
(pour Christiane)

Tu as une voix érotique

Ô! qui me donne la trique

Avec ton corps déroutant

Ah! Franchement bandant

Ou ou ou

Sensualité

You ou ou

Exacerbée

ON S'EST RENCONTRÉ
(pour Christiane)

On s'est rencontré

Un jour d'automne

Pas un jour d'été

Mais plus autonome

Tu étais si belle

Un mois après ca

Toujours aussi celle

Que je voulais là

Quand je t'ai revue

J'ai très vite compris

Pas si imprévu

Parmi ces quidams

Qui buvaient sans boire

S'est remplie mon âme

Voulu te revoir

Même pour un moment

Concert bienvenu

Pas si doucement

Et j'ai reconnu

Que tu étais celle

J'avais tant cherché

Lisant les nouvelles

À te rencontrer

Pas une idée d'toi

Ce fût trop facile

Honnêtement toi

Et ton cœur fragile

On s'est rencontré

Ce n'est pas trop tôt

Maintenant comblés

De plus en plus beau

Découvert l'amour

Ensemble tous les deux

Maintenant toujours

Serons amoureux

OÙ EST L'AMOUR

Où est l'amour

Je t'aime toujours

De tous les jours

Même dans l'humour

Où est l'amour

 Pas dans ma cour

Dans les faubourgs

Où dans les tours

Où est l'amour

Le vrai qui pour

Toi moi autour

Baisers velours

Où- est l'amour

C'iui qui entoure

Le cœur des jours

L'âme pour toujours

PARADIS
(pour Christiane)

Paradis

Défini

J'ai envie

T'es jolie

Avec toi

 Avec moi

 J'ai la foi

Notre amour

Pour toujours

PAS TOI
(pour Miriam)

Toi, tu m'aimes

Tu m'admires

C'est extrême

Ou même pire

Tu me désires

Tu me reluques

Sans même prédire

Même un seul truc

Je suis las

De tout ça

Tes regards

De lézard

Me laissent froid

Oui si froid

Tu es jolie

C'est sûr certes

Te dire oui

Serait ma perte

Désole poupée

Tu n'es pas ma fée

PASCALE

On se voile la face

Mais dévoile sa place

Quand arrive Pascale

Femme qui dévale

On se dit amis

Oui mais jusqu'ici

Ce qu'on n'a pas vu

Ce qu'on aime le plus

Le fait d'être ensemble

Nous deux on ne tremble

Pas l'un ou l'autre

Il est évident

Qu'y en a pas d'autre

Ça c'est apparent

Oui on se complète

Avec sensations

Oui on se respecte

Avec émotions

Ce que l'on admire

C'est toutes nos raisons

Tu sais notre navire

C'est bien cette passion

Tu vis pleinement

Tous tes sentiments

Tu assures vraiment

Ton courage ne ment

Personne ni même toi

Tu te donnes à fond

Dans une relation

Souvent incompris

C'est vrai moi aussi

Tu souhaites connaitre

L'Amour et te mettre

A genoux devant

Te soumettre au temps

Pour vivre complet' ment

Ça j'en suis content

Ça c'est la Pascale

Qui est en cavale

Qui se donne du mal

Qui est une rafale

De vent et d'humour

Le temps de l'Amour

Tu parles mais tu sais

Que c'est pas abstrait

C'est pas évasif

Ni même maladif

Toi je te comprends

Toi tu me comprends

Compatibilité

Dans notre humilité

Nous communiquons

Et nous échangeons

Mais nous vérifions

Toutes nos sensations

Ce qui est génial

Surtout toi Pascale

J'adore tant ton goût

La campagne de tout

Mais sophistiquée

Tout comme une vraie fée

Toi belle comme un conte

Et je n'ai pas honte

Moi de te l'avouer

Toi qui aimes jouer

Friande des histoires

Tu devrais le voir

Je vois tes parures

Sentiments d'allure

Tu as la carrure

De voir l'Amour pur

Pascale est unique

De toutes ses tuniques

De l'avocate pro

A la sportive bio

Tu respires la vie

Tu défies l'ennui

Mon héro cette nuit

Amour pour la vie ?

Je suis le poète

Tu me vois si chouette

Je bois tes envies

Eloigne tes ennuis

Tu sais ta planète

Moi elle me complète

C'est ton enthousiasme

Qui chasse mon marasme

Réveille mes passions

Ivre de sensations

Tu sais je m'emballe

C'est pour toi Pascale

Ne voile plus ma face

Trouverais ma place

Tout contre ton cœur

Chassons toutes nos peurs

Et soyons sereins

Deux mains dans la main

Je suis ton copain

Je veux être enfin

Ton Amour à vie

Avec toi chérie

PASSION

(à Sarah)

La passion d'une vie

La passion d'une femme

C'est aussi éphémère

Que le roulement de la mer

Il est important

D'être vigilant

La passion d'une vie

La passion d'une femme

Rien n'est moins sûr

Rien n'est plus pur

Tant que c'est vivant

C'est toujours puissant

J'en suis convaincu

J'en suis résolu

PERDU

(A mon arrière-grand père mort dans les tranchées à
Verdun le 11 novembre 1916)

Perdu dans la bataille

Perdu dans le passé

D'un obus dans tes entrailles

A jamais trépassé

Héro de la grande guerre

Ta patrie t'a oublié

Héro bien dans la terre

Ta famille déchirée

Orphelin à dix ans

Mon grand-père a gardé

Tes souvenirs d'antan

Pour ne pas égarer

Tes effets personnels

Découverte solennelle

De ton passé perdu

Dans ton avenir chu

Je ne t'ai pas connu

Mais ta mémoire subsiste
Tout n'est pas perdu
Ton sacrifice résiste

150

PEUT-ÊTRE
(pour Christiane)

C'est la fin de cette relation

Peut-être le début d'autre chose

Une amitié ou amour en suspension

Le temps qu'on soit prêt ou en prose

Les poèmes diminueront, certes

La relation sera sans doute celle

Qu'on aura vraiment voulu pour

Redémarrer sur des bases vertes

Peut-être renaîtra notre amour

Des ténèbres d'une relation courte

On verra, le future dira

Si on pourra refaire des tourtes

Renaître des cendres, on aura

Peut-être le bonheur encore

D'être ensemble quand on sera prêt

Et ce sera nous deux once more

D'un amour durable et tout frais

PLAISIRS DU LOT

Cueillir des groseilles
Amertume du fruit
En gelée cette envie
Mes sens en éveil

Produit des abeilles
Parfume le miel
Sur le corps d'une belle
Pas besoin d'oseille

Entoure de noyers
A l'ombrage patient
Ces noix de longtemps
Sans même les broyer

Foie gras de Sarlat
Le goût médiéval
Le pâté semble pâle
La richesse de l'oie

POÈME DE L'ÉTUDIANT

Il se lève tôt

Il est tout blême

Il est trop tôt

Y'a un problème

Il prend le train

Les gens sont là

Agglutinés

Et enragés

Il est saoulé

Il est tout seul

Mais sans souffrance

Comme un linceul

Sans existence

Mais il la voit

Sa jolie proie

Qu'il mangera

Si il y croit

Il s'étiole

De sa présence

Et s'envole

Du train d'errance

Son renouveau

À elle

Lui il est beau

Pour elle

Si elle le voit

Tant mieux pour lui

Sinon

Tant pis pour eux

Il en trouvera

D'autres proies

D'autres nanas

D'autres mignonnes

D'autres filles "bonnes"

Sur le chemin

De la Fac

POPOTIN
(à Brooke)

Ton popotin

Tant de potins

Potins mondains

Mondains potins

Rouler patins

Patins roulés

Ce popotin

Impose un peu

Et si je peux

Pas pour poser

Pour proposer

Pour patiner

Ton popotin

Je peux plein

Oh! Ma pépée

Poupée pimpante

Peindre poupée

Près de la pente

Pour papouiller

Prendre l'épée

Planter planter

Ton popotin

Pas pour le pain

Mais par temps plein

Pour m'empiffrer

Ton popotin

POUR TOI
(pour Christiane)

C'est officiel

J'suis amoureux

De toi

Pas contractuel

Beaucoup mieux

Que ça

Pas une muse

Inspiration

C'est toi

Amour qui fuse

Adoration

Pour toi

POURQUOI BONSOIR

(à rien)

Bonsoir, pourquoi dit-on bonsoir après 5 heures du soir?

Bonjour est-il moins poli à cette heure, que bonsoir?

Bonsoir, pourquoi dit-on bonsoir après 5 heures du soir?

Pourtant, le soir est la fin d'une journée

Et le commencement plus ou moins proche

De la matinée

Du moins on s'en approche

Bonsoir, pourquoi dit-on bonsoir après 5 heures du soir?

Le soir est le renouveau

Du beau

Qui naîtra demain

Quand on s'y attendra le mois

Le matin

Bonsoir, pourquoi dit-on bonsoir après 5 heures du soir?

Ne devrait-on pas dire "bonne et nouvelle journée"?

Non c'est trop long à prononcer

Bonsoir, pourquoi dit-on bonsoir après 5 heures du soir?

Je persiste à croire

Que bonjour est mieux que bonsoir

J'espère que l'on me dira

Bonsoir, Monsieur, pourquoi dit-on bonsoir après 5

heures du soir?

PREUVE D'AMOUR
(pour Christiane)

Une flamme

Qui n'est plus allumée

Une femme

Dont on n'est plus attiré

Une lame

Qui n'est plus incisive

Une âme

Qui est soudain soumise

Une heure

Qui n'est pas bien donnée

Moment

Où on réalise et

Amour

Qui est plus fort que tout

Toujours

Je voudrais qu'on soit nous

PROVIDENCE DANSE
(à Vanina)

Ça, c'est une surprise

Toi là par hasard

Belle telle une marquise

Illumine mon fard

Vue providentielle

Echange numéro

Comme une étincelle

On se voit bientôt

Puis plus rien…silence

Sans savoir pourquoi

Soudain providence

Devient le narquois

Sincérité fausse

Ton amitié lâche

Perdu dans les Causses
Personne ne se fâche

Repartie soudain
Raté le moment
Peut-être pour demain
Mais pas maintenant

QUAND
(pour Christiane)

Quand ton cœur s'ouvrira

Que tu me rejoindras

Dans un monde où l'amour

Pour nous deux pour toujours

Quand tu t'épanouiras

L'idée t'envahira

De passer nuits et jours

Avec moi mon amour

Quand notre amour ira

Ouvrir les barrières tu verras

Notre union s'envelopper

D'un bonheur articuler

De passion et d'amour

Quand ce s'ra pour toujours

Je serais là tu verras

Serré tout contre toi

QUATRE MOIS
(pour Christiane)

Le temps coule

Le temps passe

On roucoule

On s'embrasse

Temps faciles

Bonne humeur

Difficiles

Parfois l'heure

D'expliquer

Sentiments

Si déprime

En passant

L'amour prime

Quatre mois

 Ensemble

Toi et moi

On s'assemble

Amour grand

Grand pour

Chanter en

Bel amour

C'est très fort

C'est l'envie

D'être un fort

Pour la vie

Vive le temps

Avec toi

Amour blanc

Quatre mois

Toi et moi

QUE RESTE-T-IL ?

(pour Christiane)

Que reste-t-il

De nous deux, dis

Parfum subtil

Ou œuf pourri

Que reste-t-il

De notre bonheur

Instant fébrile

Frappé le cœur

Que reste-t-il

De nos sourires

Notre nombril

A nus, nos rires

Que reste-t-il

De nos je t'aime

Moments fragiles

Tes cafés crème

Que reste-t-il

De notre passion

Loin de la ville

Faire attention

Que reste-t-il

Je ne sais pas

J'me fais d'la bile

Bon sang, pourquoi

Que reste-t-il

Moi seul sans toi

Dans une autr' ville

J'suis pas moi

Que reste-t-il ?

QUE VOUDRAIS-JE

(à la vie, à Sarah)

Que voudrais-je

Du Courrège

De l'Ariège

Que voudrais-je

De la vie

Des ennuis

Des envies

Que voudrais-je

Des soucis

Des amis

Que voudrais-je

Des enfants

De l'argent

Un cure-dent

Que voudrais-je

De l'amour

Pour toujours

Que voudrais-je

Une poupée

A aimer

Enveloppée

Que voudrais-je

Du succès

Un abcès

Que voudrais-je

D'une femme

De la flamme

Dans son âme

Que voudrais-je

Etre heureux

Amoureux

Que voudrais-je

Etre triste

Défaitiste

Optimiste

Que voudrais-je

Quand ma vie

S'ra finie

Que voudrais-je

Je sais pas

Mais sans toi

Ça j'veux pas

RASER
(pour la barbe)

Rasoir barbare

Barbare rasoir

Barres de rasoir

Raser les bars

C'est barbare de se raser

Ça rase d'être barbare

Est-il mieux de s'raser

Est-il mieux d'être barbare

Raser l'visage

Visage rasé

Action barbare

Ou barbe de barbare

C'est rasant de s'raser

C'est barbant d'être barbu

Mieux vaut-il être nu

Que d'être bien poilu

Visage rasé, crâne rasé

Visage barbu, tête chev'lue
Vive le poil
Être à poil (s)

RÉPÉTITION
(à Sarah)

Je répète

Je répète

Que je t'aime

Que je t'aime

Je te veux

Je te veux

C'est sans cesse

C'est sans cesse

Un amour

Un amour

Passionne

Passionne

Le crier

Le crier

Haut et fort

Haut et fort

Tout le temps

Tout le temps

RESPIRATION
(pour Christiane)

Respiration

Concentration

Masturbation

Augmentation

Respiration

Culmination

Elucubrations

Ejaculation

Respiration

Diminution

Satisfaction

Tribulation

Jubilation

Respiration

ROBE LÉGÈRE
(pour Christiane)

Dans ta robe légère

Tes formes se dessinent

Belle comme une chimère

Tous mes sens s'animent

Tes fesses sont parfaites

Rondeur de tes seins

Poitrine si bien faite

Les veux dans mes mains

Ce tissu léger

Bon à retirer

Tu es tellement sexy

J'ai tellement envie

Me frotter sur ta robe

Puis elle se dérobe

Nudité assouvie

Ton amour c'est ma vie

SABAHE

Montre-moi ton cul

Montre-moi tes seins

Je suis un poilu

Et suis pas un saint

Je regarde les femmes

Et je les admire

Elles allument ma flamme

Dans ma ligne de mire

Parmi toutes là

Moi je vous le dis

C'est bien elle Sabahe

La plus belle ici

Ses yeux illuminent

La salle et les cœurs

Beauté féminine

On sent la douceur

Elle inspire l'amour

Célébrons en cœur

Le sens de l'humour

Je fonds pour sa lueur

SAGESSE

(pour Christiane)

J'absorbe tes mots

Tu résorbes mes maux

Tes années te servent

Sans que tu t'énerves

De tes trente-six ans

Tu domines les Grands

J'ai envie de toi

Te consommer, toi

Un met délicat

Ne se sert pas froid

Quand ta grande Sagesse

Attise mon ivresse

Je pars vers ces cieux

C'est bon d'être heureux

SANS DÉTOURS

(pour Christiane)

Ô quelle emprise

Que tu as prise

Pas de méprise

Sur mon cœur

J'ai l'âme sœur

Pas de peur

Sans tracas

Ni fracas

Quel éclat

C'est ton amour

Qui pointe au jour

Et sans détour

Nous sommes prêts

Tout est parfait

Union de mets

Gourmandise

Baisers, bises

Qu'on le dise
Amour clair
Et ta chair
Pour me plaire

SANS TITRE
(au ciel)

Dans l'immensité du ciel bleu

D'où viennent les nuages?

Serait-ce une lueur?

Serait-ce un mirage?

Un phénomène positivement mieux

Pourrais-je le savoir un jour?

J'ai bon espoir, toujours!

SANS TITRE
(pour Christiane)

Oui, c'est une odeur de fleurs

Qui me met de bonne humeur

Je pense que c'est une erreur

De ne pas offrir de fleurs

Et toi, dans toute ta grandeur

Dis moi, tu les aimes les fleurs?

C'est un parfum, une senteur

Pas d'illusion, ni de lueur

Car les fleurs c'est du bonheur

Dans un vase, c'est de tout Cœur

Oh oui! Que je t'offre ces fleurs

SANS TITRE
(pour Christiane)

Ton vague à l'âme

Sonnette d'alarme

Sans état d'âme

Tu perds ton charme

SANS TITRE

(à Sarah)

C'est ton corps

Que j'vénère

Sur tes pores

Je me perds

C'est tes seins

Que j'absorbe

On est bien

Je déborde

C'est l'envie

De saisir

Je bondis

De désir

Avec toi

Toujours bien

C'est pour toi

Que je viens

Toutes mes nuits

Je les veux

Que tu luis

De mes feux

179

SANS TUNES
(état d'âme)

Dans les bas-fonds

Je traîne

Au plus profond

La haine

Intelligence

Pourquoi

Inconsistance

Effroi

Sans une tune

Je suis

Sous la lune

J'essuie

Mes larmes séchées

Bientôt

Sera l'été

Si tôt

Argent s'ra là

J'aurais
Avec moi
Le sourire

SANS / AVEC
(pour Christiane)

Sans toit

Sans foi

Sans joie

Sans loi

Sans foie

Sans toi

Sans moi

Avec toi

Avec joie

Avec moi

Avec toi

Avec nous

Amour fou

SAVEURS

Saveurs de la Nouvelle Orléans

La musique m'envahit tant dedans

C'est l'accent, les odeurs et la danse

Je marche dans les rues c'est immense

La joie de vivre et le bon temps

L'harmonica m'appelle maintenant

Rues françaises, cuisine cajun et moi

J'absorbe les sons et suis en émoi

Les balcons du Quartier se révèlent

Partout où je traine la vie est belle

SE RÉVEILLER, C'EST CONJUGUER
(à Sarah)

Je me réveille

Un geste de toi

Tu me réveilles

Sourire de toi

Il se réveille

Content d'être là

Elle se réveille

Un texte de moi

Ils se réveillent

Avec la foi

Réveillons-nous

Oui toi et moi

Ensemble et fous

Fruit de moi, toi

Réveillez-vous

Le monde est là

Cet amour fou
Sera bien là
Et puis c'est toi
Et puis c'est toi

SEIN SUR ÉPAULE
(pour Christiane)

Ton sein repose

Sur mon épaule

Tu te repose

Dans ta piaule

C'est le matin

Départ soudain

Odeurs de nuit

Nous avons jouit

Ensemble hier

Nous étions paire

Matin épris

Tout contre moi

Tu t'es blottie

C'était l'émoi

SENSATIONS EN -TION
(pour Christiane)

Révolution d'idées

Apparition d'été

Évolution des sens

Introductions intenses

Ô déductions d'amour

Transformation du jour

Affolation des fibres

Excitation du chibre

Transpirations de peau

Figuration des eaux

Humectation extrêmes

Appellation "je t'aime"

SEX APPEAL
(pour Christiane)

Ton sex appeal

Bien que sans pile

Me rend virile

Et pas de bile

Tout est civil

Amour tranquille

Mon sex appeal

Ensemble empile

Excitation

Nos tentations

Pas besoin d'piles

Désirs, ça file

Jouissance

Puissance

Je suis ton mage

Sur la même page

Comme une image

Amour fait rage

Nos sex appeal

Conducteur fil

SI TOUS LES DEUX
(pour Christiane)

Si tous-les-deux sera pour la vie

Il faudra que tu en aies envie

Si tous-les-deux sera pour toujours

Il faudra que tu respectes notre amour

Si tous les deux on vivra ensemble

Il ne faudra pas que tu trembles

Si tous les deux nous partagerons

Il te faudra faire des concessions

Si tous les deux doit fonctionner

Il te faudra bien accepter

Que tu es tant aimer par moi

Sans te dérober tant de moi

Si tous les deux nous nous aimons

Ne tourne pas cet amour en dérision

Si tous les deux c'est du sérieux

Accepte-le pour que nous soyons heureux

Et tous les deux nous prospérerons

Dans une vie que nous aimerons

Remplie de passion, d'amour, de confiance

Même si parfois on aura besoin de patience

SIGNES

(pour Christiane)

Signes de tendresse

Signes de tristesse

Signes de détresse

Signes de prouesse

Signes de tes fesses

Signes de finesse

Signes qu'on progresse

Signes que sans cesse

Signes qu'on avance

Signes, révérences

Signes de balance

Signes de ma douce

Cignes dans l'eau douce

Ces signes mon amour

On les montre chaque jour

Toi et moi c'est velours

Ce qu'il grandit notre amour

C'est remarquable

C'est imprenable

C'est primordial

Amour viral

SILHOUETTE
(à Sarah)

Dans le couloir

De ta chambre

Il fait sombre

C'est dans le noir

De cette chambre

Dans la pénombre

Que je te vis

Ta silhouette nue

Ton corps de rêve

Tu me surpris

J'aime ton cul

Ton goût de fève

Silhouette soumise

Silhouette voulue

Que je t'ai prise

Etions repus

Ta silhouette m'enivre

Ta silhouette m'délivre

J'aime ton corps

Dedans, dehors

SOPHIE LEPAGE

Je me souviens

Sophie Lepage

Elle était bien

Elle était sage

Je l'ai revue

Comme une image

Sans être nue

On était sage

Toujours bien belle

Le temps n'a rien

Pu prendre sur elle

De ses deux yeux

Elle ensorcèle

Dieu! Qu'elle est belle

Petite menue

On la mang'rait

Comme ca toute crue

Elle enchant'rait

Bien plus d'un home

Elle est coiffeuse

Pas ennuyeuse

Superbe en somme!

SOTTISES

A tout âge on fait des sottises

Quand on est enfant et qu'on ose

On planifie on convoitise

Quand on est ado et qu'on pose

Des défis aux parents et tise

Quand on est adulte de notre prose

On plait il faut pas on attise

Des flirts des femmes et même des choses

Il est bon de vivre de sottises

SOUFFLE
(pour Christiane)

Un souffle de toi

Suffit pour me plaire

Le battement de tes cils

Souffle sur mon visage

Mon souffle sur toi

Le temps d'un éclair

Ta peau, ton nombril

D'un plaisir moins sage

Vibrent et se trémoussent

Ton souffle, tes baisers

Envahissent mon cœur

Continue amour

J'admire ta frimousse

Lèche ta peau bronzée

Alors qu'une lueur

Dessine nos contours

Poursuis ton souffle

Sur mes lèvres, ma peau

Ce que j'aime ton souffle !

De désirs c'est beau!

SOURIRE DE FEMME

(aux femmes)

Sourire inconnu

Sourire asiatique

Sourire bien tendu

Sourire érotique

Sourire spontané

Sourire dans la rue

Sourire répété

Sourire entendu

Sourire bienvenu

Sourire emporte

Sourire bien reçu

Sourire en gros plan

Sourire rapproché

Sourire tout de blanc

Sourire à gauler

Le sourire d'une femme

Ça transporte les âmes

SOURIRES
(pour Christiane)

Tu me fais sourire

J'aime ton sourire

Donne-moi tes sourires

T'as tous mes sourires

Et ensemble sourire

Bonheur et sourires

Toujours nos sourires

C'est beau les sourires

Mon amour, sourires

SUBJUGUÉ (I'M IN AWE)

(pour Christiane)

Subjugué par ta beauté

Subjugué par ta douceur

Subjugué par ton amour

Subjugué par ta clarté

Subjugué par ton humeur

Subjugué par toi toujours

Subjugué par ton charme

Subjugué par ton sourire

Subjugué par tes yeux doux

Subjugué tu me désarmes

Subjugué par tes fous rires

Subjugué par toi partout

SUBTILITÉS
(pour Christiane)

Espace requis

Espace conquis

Baisers donnés

Sourires masqués

Envies de moi

Sans l'énoncer

Une sorte de foi

À annoncer

Subtilités

Réalité

Tu t'exprime en

Parfois donnant

Des signes de

Ton amour que

J'arrive à lire

Des fois sans dire

Que tu m'aimes

C'est une aubaine

Subtilités

Pour me donner

Envie d'ouvrir

Portes de ton cœur

Et de courir

Quand c'est bien l'heure

Vers toi mon amour

Donne-moi des signes

Que pour toujours

Tu veuilles la vigne

De notre amour

Subtilités

Sans se presser

Découvrirai

Reconnaîtrai

Besoins, envies

Pour que notre vie

Soit harmonieuse

Toi amoureuse

Serai à tes pieds

Le chevalier

Et mon armure

Notre amour mûr

Protègera

Oui tu verras

Nous grandirons

Cette grande passion

Signes et amour

Sans jeux et pour

Que nous aimions

Au plus profond

Amoureux

Tous les deux

Je t'aime, tu m'aimes

Sera not' rengaine

SUIS-MOI
(aux relations)

Suis-moi je te fuis

Fuis-moi je te suis

Un adage d'antan

Paroles de nos temps

On aime puis s'enfuit

Je veux plus ceci

Assumer passion

Soutenir chanson

Si bien tous les deux

Arrêtons ce jeu

Problèmes à résoudre

Sourires à découdre

Embarquer temps forts

Eviter remords

Faire preuve de raison

En toutes saisons

SÛR
(pour Christiane)

Je suis amoureux

Ça j'en suis sûr

J'en pince plus qu'un peu

De toi, j'le jure

Tu remplis ma vie

D'un amour pur

Oui, pas de soucis

Tu me rends mûr

Ton étreinte, your kiss

Bonheur, azur

Avec toi, it's bliss

Vive le futur

SUR LE PERRON

Perché tel un héron
Je suis un enseignant
J'attends mes étudiants
De ma classe, sur le perron

Ils se dépêchent ou trainent
Les savates les baskets
N'en foutent pas une cacahuète
Ils ont tous de la peine

Pour arriver en class
Motivation précaire
Ambiance imaginaire
Des ados peu loquaces

Un boulot un peu con
Enseigner du français
Ils sont nuls en anglais
Et moi sur le perron

SUR MON NUAGE
(à Sarah)

Sur mon nuage

Je contemple les gens

Guidé par le vent

Dans ses rouages

Je te distingue loin

Descendant soudain

De mon nuage

Me rapproche de toi

Guidé par ta voix

Dans les parages

Les gens sont tous las

Bougeant ici et là

Sur mon nuage

Cette tranquillité

Et attente ponctuée

De ton image

Plaisir de te voir

Désirs recevoir

C'est dans les pages

La vie est tranquille

Si loin des débiles

Rejoins-moi ma belle

Vivons dans le ciel

Sur mon nuage.

SUR TON CORPS
(à Sarah)

Le voyage de mes mains

Tout le long de ton dos

Terminant par tes reins

Fait frémir ta douce peau

Le voyage de mes mains

Sur ton corps elles parcourent

C'est sensuel et soudain

Je reprends le pourtour

Le voyage de mes mains

Sur ta peau ça t'enflamme

Je poursuis mon chemin

Sans aucun état d'âme

Le voyage de mes mains

Te remplit de plaisirs

Plus intenses sur tes seins

Assouvit nos désirs

SURPLUS D'AMOUR

(pour Christiane)

Je ne pourrais jamais

T'aimer comme tu mérites

D'être aimer, je m'efforcerais

De t'aimer, comme un rite

Chaque jour de plus en plus

Peut-être arriverais-je

Un jour à être en surplus

D'amour pour toi et je

Le garderais pour toujours

Mais tu peux être sûr, que

Un optimiste de l'amour

Comme moi, restera pour que

Nous soyons ensemble toujours

T'EMBRASSER

(pour Christiane)

T'embrasser

Plaisir intense

T'embrasser

Désirs immenses

T'embrasser

Ta peau sur ma bouche

T'embrasser

Ma peau sur ta bouche

T'embrasser

Tes seins durs

T'embrasser

Tes fesses, sûr

T'embrasser

Tes chevilles fines

T'embrasser

Même si ma pine

T'embrasser

Se durcit pour toi

T'embrasser

Toute la nuit en toi

T'embrasser

Tes épaules nues

T'embrasser

Tes aisselles suent

T'embrasser

À pleine bouche

T'embrasser

Ta langue, ma bouche

T'embrasser

Tes lèvres m'effleurent

T'embrasser

Le sexe du bonheur

T'embrasser

Petit à petit on mouille

T'embrasser

Tu joues avec mes couilles

T'embrasser

On oublie tout

T'embrasser

Ô j'en suis fou!

TA PEAU
(à Sarah)

Ta peau est douce

Ta peau est mousse

Ta peau parfum

Ta peau écrin

J'aime la manger

J'aime la gouter

Ta peau j'embrasse

Ta peau m'enlace

J'aime savourer

J'aime renifler

Ta peau si lisse

Ta peau mon vice

J'aime la lécher

J'aime l'humecter

Ta peau bronzée

M'a embrasé

TA PRÉSENCE
(pour Christiane)

Quand tu n'es pas là

En ton absence

Tu es près de moi

Par ta présence

Tes effets m'entourent

Chaussures ou chemise

Des signes d'amour

Ta présence requise

Tes effluves effleurent

Mes sens et mon nez

Comme des pétales de fleur

J'veux te respirer

C'est par ta présence

Et par ton aura

J'efface ton absence

Tu es près de moi

Même quand tu n'l'es pas

Anticipation

Te voir à nouveau

Une excitation

Te goûter c'est beau

Être en ta présence

Je me réjouis

Fini ton absence

Je te veux, toi, oui!

Tu es ma vie

TÉ
(pour Christiane)

Avec dextérité

Certaine habileté

Beaucoup d'agilité

Et bien peu d'anxiété

Une bonne sérénité

Tu as facilité

Et puis tu as jeté

Ton dévolu est cité

Sur ma personnalité

Tu m'as décortiqué

Ô tu as pris mon cœur

Tu m'as donné l'âme sœur

Nous nous sommes envolés

Vers l'extase, dévoilés

Nous avons convolés

Dans un ciel étoilé

Toute une nuit de plaisir

Assouvissant désirs

Enfin certains fantasmes

Ponctués avec orgasmes

Satisfaction garantie

Plaisirs de jour comme de nuit

TELLEMENT HEUREUX
(pour Christiane)

Tellement heureux

D'être amoureux

De toi

Pour la vie

Oh, ben oui

Sans problème

Sans dilemme

C'est toi

TES BISOUS
(pour Christiane)

Tes bisous

Me soignent

Tes bisous

Me confortent

Tes bisous

M'absorbent

Tes bisous

Me transportent

Tes bisous

Sur ma peau

Glissent et dansent

Tes bisous

Sont si chauds

Brûlure intense

Tes bisous

Me transforment

Tes bisous

Tes bisous magiques

Me donnent la trique

Oui, ma vie

Tes bisous

M'excitent

TES JAMBES
(à Sarah)

Tes jambes me plaisent

Tes jambes sont lisses

Je suis à l'aise

Quand je me glisse

Entre tes jambes

Tes jambes sont douces

Tes jambes sont longues

Avec mon pouce

Et sans mes tongues

Tes jambes dorées

Tes jambes sont belles

Plaisir musclé

Me donnent des ailes

Elles se terminent

Par tes orteils

Ça m'illumine

Comme un soleil

Lécher tes jambes

Plaisir intense

Lèvres sur tes jambes

Un goût immense

J'aime parcourir

Quand je me glisse

J'aime découvrir

C'est du réglisse

Entre tes jambes

C'est un délice

TES YEUX
(pour Christiane)

C'est un feu

Dans tes yeux

Langoureux

De l'amour

Pour toujours

Tu me veux

Je te veux

Tous les deux

Amoureux

TES YEUX VERTS/MARRON

(pour Christiane)

Tes yeux verts

Me réchauffent l'hiver

Tes yeux verts

Dans un univers

Et ils m'emmènent vers

Tes yeux verts

Un dessein, une lisière

Tes yeux marron

Me transportent en amont

Tes yeux marron

Dans une forêt de jetons

Tes yeux marron

Je les aime et au fond

Tes yeux marron

Je les veux pour de bon

Tes yeux marron

Ou tes yeux verts

Tellement beaux, la perfection

À en tomber par terre

TOI...JE T'AIME

(pour Christiane)

Tu m'as dit je t'aime

Je m'en souviens bien

C'était un samedi même

C'est une grosse surprise

Plus, évènement

Soumission exquise

Amour tout le temps

Nous deux, on s'aime

Maintenant officiel

Tu m'as dit je t'aime

Et j'ai bondi au ciel

Tu as touché mon cœur

Je n'en démordrai pas

Quel intense bonheur

Ensemble toi et moi

Je t'aime moi aussi

Ça c'est pour la vie

TOI, CHRISTIANE

Pourquoi toi Christiane

Tu n'es pas gitane

Ni même hooligan

Belle comme une image

Ca te rend plus sage

Et je suis ton page

A tes pieds soumis

Mon cœur est bien pris

Jolie effigie

Tu es tendre et douce

Je ne suis plus Tom Pouce

J'aime mes sentiments

Pour toi, c'est dément

Tu me rends heureux

Toi, moi, tous les deux

Et je te veux, toi

Pour toujours avec moi

C'est toi, j'ai choisi

Ensemble pour la vie

TON ARRIVÉE
(pour Pascale)

Je pense à ces mots de François Mauriac:
« On ne peut, tout seul, garder la foi en soi-
même. »

Ton arrivée

C'est pas l'été

Mais au printemps

Il est grand temps

Célébration

Et discussions

On se verra

Ensemble on s'ra

Pour tant d'éloges

A se fournir

Et on limoge

Tous les temps pires

Pour tes vacances

C'est la tendance

A l'amus'ment

Vive le temps

De ces fous rires

Tu représentes

Tout un empire

Que tu enchantes

Sans un soupir

C'est ta venue

Que l'on célèbre

Sans retenue

TON DOS

Je voudrais le dessiner

Je voudrais le deviner

Si bien pour le travailler

Soudain pour tant le sculpter

En attendant bien tes seins

Je le parcours de mes mains

Touche et retouche ces recoins

Avec ardeur et dessein

J'y aime ses taches de rousseur

Et tellement sa douceur

Me pourlèche de le lécher

Puis de le voir se sécher

Tant pour mieux le re-goûter

Que pour mieux le désirer

J'admets vouloir l'admirer

Tant la nuit que la journée

Ton dos m'illumine ma fée

TON AMIE

(pour Christiane)

Je vais rencontrer ton amie

C'est de bon augure

Et une très bonne étape, ma vie

Ça j'en suis bien sûr

Nous prendrons des verres

Je s'rai près de toi

Et tu seras fière

De moi et de toi

Montrerons notre amour

Détendus tu verras

Toi et moi, c'est pour toujours

Et tu m'embrasseras

Je serai aux anges

Par ta beauté, tes louanges

TON STYLE
(pour Christiane)

Ton style me touche

Ton style m'embrasse

Ton style ta bouche

Ton style d'emphase

Ton style m'enflamme

Ton style d'amour

Ton style m'entame

Ton style toujours

Ton style me plaît

Ton style c'est ça

Ton style c'est fait

Ton style pour moi

Ton style j'adore

Ton style encore

TORRIDE
(pour Christiane)

Sous le soleil de Floride

Avec un temps très humide

Nos regards épris s'échangent

C'est chaud, pas besoin de changes

Notre amour est si torride

Tu es belle et sans une ride

On se baigne et on s'embrasse

Au bord d'une piscine limpide

Et tout en nageant la brasse

Nous sommes forts comme des lipides

Ce jour devrait continuer

Je voudrais te retirer

Ce maillot de bain marron

T'admirer toute nue, au fond!

Te prendre au soleil, toujours

Et pouvoir te faire l'amour

TOUT DOUCEMENT
(pour Christiane)

Tout doucement

Sensuellement

D'abord devant

Si excitant

Quant tu me prends

Sans faire semblant

Époustouflant

Oui je t'entends

Oh! Tu m'attends

En gémissant

Extase si grand

Puis en entrant

Par l'autre devant

Tout doucement

Et finalement

Tout en jouissant

Oui! Là dedans

TOUT TON TEMPS
(pour Christiane)

Prends tout ton temps et

Surtout réfléchis

C'n'est pas évident

D'aimer pour la vie

Il te faut être sûre

Il te faut être mûre

Quand tu seras prête

Je serais bien là

Tu verras ma tête

Sera bien pour toi

Et mon cœur et mon âme

Te prendront dans mes bras

Marcherons macadam

Jubilant toi et moi

Tu es prête

Moi aussi

Sur ma tête

On le lis

TRAJET D'HIVER
(c'est compliqué à expliquer)

Trajet d'hiver à quatre

Sans échapper d'un cloitre

C'est l'Auvergne à l'attaque

Comme pour jouer au tac au tac

En allant en voiture

Et pas à toute allure

Une veste, un pull, des gants

Et on se gèle dedans

Moins cinq, moins sept, c'est froid

C'est pareil sous toit

Et si rude est l'hiver

Avec six pull-overs

Bonne ambiance, aventure

Le bon vin, ça carbure

Bonne bouffe, clopes et pinard

Peut permettre un retard

Travaux, relaxation

Loisirs sans luxation

La neige, oui on l'espère

Pour couronner l'hiver

Ami, fils, frère réunis

Préservé de l'ennui

L'année prochaine l'été

Une nouvelle virée

De retour en famille

Les petits ça fourmille

Installation aidée

Et bons temps assurés

Trajets d'hiver entre hommes

C'est mieux que seul en somme

Mais l'hiver tous les deux

On se réchauffe les nœuds

Pas besoin de deux vestes

L'amour ça donne du zeste

A condition pas d'peste

TU ES
(pour Christiane)

Tu es mon soleil matinal

Tu es mes jours à la plage

Tu es loin d'être banale

Tu es mes lèvres sur ton visage

Tu es ma lune illuminée

Tu es mon amour pour la vie

Tu es mon bonheur exacerbé

Tu es ma luxure et mon envie

Tu es mon bonbon préféré

Tu es mon café le matin, serré

Tu es ma vie, mon âme, mon cœur

Avec toi tous les jours le bonheur

Tu es bonne humeur quotidienne

Je serai tien, tu seras mienne

Tu es la vie si harmonieuse

Tu es ma femme si amoureuse

TU M'INSPIRES

(pour Christiane)

Tu m'inspires

À écrire

Je respire

'Y a pire

C'est à dire

Ton sourire

Qui m'inspire

Tes fous rires

A redire

Réécrire

Le redire

Un soupir

Sans souffrir

Mort de rires

Moi j'expire

Tu m'inspire

Le sourire

TU ME MANQUES
(à Véro)

Tout en toi me manque

Ta bouche me manque

Tes lèvres me manquent

Ton nez me manque

Tes seins me manquent

Tes mains me manquent

Ta présence me manque

Tes mots me manquent

Tes fesses me manquent

Ton sexe me manque

Tes gâteries me manquent

Ta pudeur me manque

Ton amour me manque

Ta taille me manque

Les mots me manquent

Pour dire combien

Tu me manques

L'attente de te voir me manque

Véro tu me manques

Je t'aime

Dès que je pense à la France

C'est à toi que je pense

Dès que je pense à une fille

Tu es cette fille

Dès que j'entends une voix

Tu es cette voix

Je me retourne, c'est toi?

Non, tu n'es pas là

Tu es là-bas

Je t'aime, attends-moi

Je t'aime, retrouve-moi

Je t'aime, ne m'oublie pas

Je t'aime, aime-moi

Tu me manques

UNE AUTRE VITESSE
(pour Christiane)

Peut-être une faiblesse

Un manque de finesse

J'ai remarqué

Une autre vitesse

Signes de détresse?

Changement marqué?

Certes politesse

La progression baisse

Chose à soulever

Une autre vitesse

L'amour s'affaisse?

Bisous enlevés

Période de détresse

Ou souci de fesses

Nous verrons bien ça

Une autre vitesse

Sentiments régressent

Perception tout ça?

Ça m'inquiète un peu

J'suis si amoureux

VIEILLES VOITURES

Ces vieilles voitures

Transports d'antan

Sentent l'usure

D'un autre temps

Elles ont l'allure

Des « j'ai mon temps »

Ces vieilles voitures

Transports d'antan

Prennent les sutures

A pleines dents

Et leur allure

Défie le temps

VIEUX LIVRE

C'est plus qu'une odeur

C'est comme une histoire

Que me donne l'humeur

De partir les voir

Les pages d'un vieux livre

Remplissent mes narines

Et soudain m'enivrent

D'avoir meilleure mine

Ce papier passé

Ce depuis longtemps

Histoires racontées

Tout au fil du temps

Humecte le plaisir

Tournure littéraire

Dévoile les désirs

De tous les libraires

J'aime humer ces pages

Et fermer les yeux

Etre dans les parages

De ces gens joyeux

L'odeur d'un vieux livre

Besoin de survivre

VISAGE ENDORMI

Ces deux matins-là

Où j'ai eu la chance

D'être avec toi

J'étais en transe

Par ton visage

Par ta présence

Tel angélique

C'était magique

Toi satisfaite

D'une nuit d'amour

D'une nuit parfaite

Presque le jour

Tes yeux fermés

Quand tu dormais

Si reposée

Je t'observais

Comme un ange blond

Etais sereine

Et de bon ton

Toi ma sirène

J'avais envie

De rester près d'toi

J'étais transit

Sans bouger d'là

Sérénité

Tranquillité

Ton visage sain

Ta bouche fermée

J'étais souv'rain

De ta Morphée

Tu respirais

D'manière placide

Et je voudrais

Etre dans le vide

De ton sommeil

Toi blottie là

Tous tes éveils

Seraient comme ça

Ô dans mes bras

VISION DE TOI
(pour Christiane)

Dans mon passé

Bien tourmenté

J'avais eu la

Vision de toi

Tu étais grande

Et bien friande

Tu étais belle

Tu étais celle

Cheveux bouclés

Poitrine enjouée

De grands beaux yeux

Nous voilà deux

Comme je t'ai vue

Tant attendue

Mon opinion

Prémonition

Vision de toi

Je suis à toi

VOLUPTÉ

Cette volupté

Au fond d'une tasse de thé

Plaisirs des sens

Me mettent toujours en transe

Cette volupté

De n' rien regretter

Une robe légère

D'une beauté sans manières

Cette volupté

Il ne faut rien jeter

Dessine le corps

D'une femme belle sans remords

Cette volupté

Qu'il est bon d'y compter

Elle se dévoile

Pas tout à fait à poil

Cette volupté
Moi je veux la conter
Quand m'observe
Je la prends avec verve

VOLUPTUEUX

Voluptueux

Langoureux

Amoureux

Suce-moi l'nœud

Voluptueuse

Plantureuse

Allumeuse

Si heureuse

Le plaisir

Des désirs

Des sourires

Des soupirs

Voluptueux

Plaisireux

Même mon nœud

Se sent mieux

VOYAGEONS ENSEMBLE
(pour Christiane)

Mon cœur est parti vers toi

À une vitesse fulgurante

Et ensemble on rejoindra

Un monde de passion naissante

L'amour nous transportera

Nous laisserons derrière nous

Soucis, frustrations brûlantes

Nous connaitrons l'amour fou

Comme lion et lionne rugissante

Nous serons heureux toi, moi

Nous, entourés de bonheur

Passions partagées s'assemblent

Nous deux formeront un cœur

VUE DU CIEL

Forme vue du ciel

Ville sans poubelles

Se dessine pour

Donner contour

Tour de passe-passe

Formée de tasse

Maisons hameaux

Villages cours d'eau

Sinueux tout droit

Bois ici-là

Dessin habile

De toutes ces villes

Comme des insectes

En moins infectes

Des papillons

Montre les maisons

Dessin voulu

Ou incongru

Vu d'un avion

Qui a raison ?

II. POÈMES EN ANGLAIS

9 YEARS FROM NOW
(to Nicole)

You're now in your prime

Young, beautiful, sexy and fine

Tight ass, nicely shaped round breasts

You're on top of the world

Everything is good and abreast

You feel invincible, oblivious to me

Soon you will be older and this world

Will change along with your figure

Your tight ass will grow loose

Your beautiful perky breasts

Will start to sag with no rest

You will not see it coming

But your beauty will be on the loose

 You will start to figure

 You will be sorry slowly

That you were ever oblivious to me

With bitterness you will come to me

And beg me to take you back

After all this time of ignoring me

I will not take you back

Because you have been oblivious to me
You will feel so sorry
 For you will just have turned 40

ACCIDENT
(to being cautious)

Peaceful morning

Such harmony

In seconds blink

No time to think

Light no blinker

Disrupted bliss

A clash

A crash

Two cars into

Each other ran

No injury

Now bad morning

A driver ban

CALI
(to Claudia)

Claudia from Cali

Cali the city

Where the women are pretty

Where their virtue is tiny

Where their orgasms are plenty

Ah…Claudia from Cali

CLOCK
(to time wasted)

Look at the clock

Play with your cock

Look at the clock

Again the same

Time is a game

Look at the clock

Like some Sherlock

Look at the clock

Who is to blame?

Beautiful dame?

Look at the clock

I will not lock

My eyes and mind

Always are kind

Look at the clock

Tend to your flock

The waste of time

Creates my rime

Look at the clock

Run one more block

Accept your fate

And don't be late

DATE
(for my own reflection)

Never been on a date

Never had to accommodate

Never had to fill a date

In a calendar

Never had to calculate

Dinner, movie, popular

So now discover the process

The definition of a date

Time's up, no recess

As it's never too late

GONE
(to Nicole)

Spark is gone

In your eyes

Love is gone

In your heart

In your eyes

No emotion

In your heart

No sensation

Butterflies gone

Feelings gone

Love is gone

HALLOWEEN

Candies in the dish
A light to welcome
My dog on the leash
Waiting for the gnome

Dressed up for the night
Ventures for candies
Suspecting some fright
Not blood on Twinkies

Halloween commerce
Buy this and buy that
All want to coerce
And eat like a rat

Black is more jovial
Orange hypocrites
Can the marsupial
Eat only his grits?

Sugar is flowing
Humor is sketchy
And they are blowing
Big gums are stretchy

HARD HEAD
(to Christiane)

You might be strong

And impulsive

But can go wrong

And destructive

You are too proud

To admit it

And much too loud

To go with it

Now it's ending

And it's too bad

Change the ending

It won't be sad

Believe in us

Let's start over

Get on my bus

Or it's over

We were smart, strong

Loving, daring

Now it's dark, wrong
Close to nothing
Let's change it
This time will be
And believe it
For you and me

HOPE
(to Sarah)

Hope is where you live

Hope is where I standby

Hope leads me to you

Hope guides my day

Hope is in my heart

Hope will bring us together

Hope is waking me up in the morning

Hope is stronger than anything

Hope is my message

Hope is my messiah

Hope is my patience

Hope will be my reward

Hope is freedom

Hope is a great virus

Hope will attract you to me

Hope will keep us together

Hope is not an effort

Hope is a philosophy

Hope is a way of life

I WANT: LOVE ANTHOLOGY
(to Christiane)

If I lived to be ninety nine

It would be long enough

To express the everlasting love

That I have for you

I realized that I follow you

Not as a puppy, not as a servant

But because I want to cling to you

I want to be your shadow

I feed off of your presence

It gives me relevance

My words spoken or written

Are nothing if my actions don't follow

Your love is earned each day

It cannot be granted and

I want to share your way

And make our souls whole

With you, together I'm brave

I am a combatant for your love

I must allow time to give time

Before you, I was resolute
To be a single father with
Occasional romances but
Without love, without passion
Thanks to you I see that
Everlasting love is alive and
You've shown me compassion
But also your passion
For me, for life, for things
I want to be your strength
As much as you are my power
I will not falter
In my quest for your love
I want to be present for your
For your son, every day
And shout for all to hear
That love, our love is here to stay

I want to create another life
With you and share
All the moments of joy

I walk about this world
With renewed hope and optimism

I want so much of you as
I give you all of me
You do not need a claim
I have given myself to you entirely
And I will continue each day
I want to help and support you
In your endeavors as I need
To share mine with you

You and only you have the ability
To make me so completely happy
I can see it in your eyes
As you see it in mine

When I rise in the morning
I sigh of joy and happiness and
Hope to live another day
Just to see you, to speak with you
For a day with you is always my best day

If I were small enough
I would want to be in your pocket
Or clinging on to one of your locks
So I could spend every moment

With you, with a smile

Each day you make my life more

And more and more complete

I hope that you will never doubt

The sincerity of my feelings

As they come from the deepest

Crevasses of my being

I want to be your voice

So I can sing my joy every day

With the right melody

For your rhythm is mine

And your music the one I live for

Outsiders may not understand the level

Of this love, the intensity of our passion,

The depths of our desires

Even if I make it my life's mission

To explain to them

It would be hard for them to grasp

For true love is so rare

So remote, so thorough, yet

So unattainable for many

You and I are well on our way
To reach it with all its intensity
True love is within our reach
And I will not rest until we get there
And once we do I will continue
To keep this true love alive
For as long as I live
Because keeping you and those
 Most important to you happy will be
My calling, my vacation, my life's mission

As our love is nurtured and cared for
We will live in harmony
Dealing with the good and the ugly
With confidence that our unwavering
Everlasting love will beat
All challenges that come our way

As this year that was filled with sorrow
Comes to an end at last
I look forward to the future
With you, your and my kids
And embrace this coming New Year

With confidence, happiness and optimism

2008 will be the dawn of the a new age

When I will stand as a pillar for you

Of love, compassion, support, passion

And understanding

And I owe it all to you

I will never forget that

As I will be grateful to have you

In my life each and every day

And I will do everything I can

To show it to you

You are my world, my voice, my reason

My soul, my passion, my life, my love

And I promise to love you

For as long as forever maybe

For you and me

IF I WERE
(For Christiane)

If I were religious

You would be my religion

If I were pretentious

You would be my pride

If I were alcoholic

You would be my liquor

If I were diabetic

You would be my insulin

If I were an addict

You would be my drug

If I were a convict

You would be my freedom

If I were a rich man

You would be my fortune

But I'm just a poor French man

Who is madly in love with you

And all I want forever is you

IZED
(to Nicole)

Generalized

Categorized

Individualized

Ostracized

Am I alone in this world

Where are you

Are you there in this world

I look for you

JOY
(to Sarah)

The thought of you brings me

An immense joy

The sight of you takes me

Out of this world

And into a trance, boy!

Pure happiness

Never such an experience

Has been more a bliss

Happy vocabulary

In a comfort zone

No need to be weary

For you're not a clone

You are unique to me

Displays of true love

Et moi je dis oui

As you are above

Now that I have met you

No matter what's next

I want all of you, tout

And put it in text

Prosperity will be

Developing for

Sincerity as we

Are longing for more

Never seen in my life

Such a pure woman

Who knew all my life

Wanted this lone man

I love you forever

Of that I am sure

You give my fever

A classy allure

Your pure happiness

Is my soul and goal

You are the empress

My love as a whole

LANDMARKS
(to Christiane)

Your accordion

Is my Pantheon

Your singing

Like my bling

Your lips

Your hips

Paris

My bliss

Let the ripples

Of your nipples

Rock my tongue

I am among

Stars of pleasures

From your treasures

But it's love

From above

Forever
My fever
Is for you
I want you
And love you

LETTER TO SIMONE

I'd like to penetrate you as far as the distance

Between Paris and Hawaii

And I know you could handle the mileage

Your ass is like the Earth

Round and shaky

And I am like a meteorite split

Entering your atmosphere

Breaking your ozone layer

Landing in your hair

Right there in pubic that is

In other words you are

My dirty healthy earthly fantasy

Your breasted mounts are in the

Top hills of my dreams

I slide up and down their curves

Reaching the very top

I'll set cramp and suck the air out

But I'll need ice to throw on 'em

Because up there

The weather is always hot Hot HOT

Damn it's HOT

To lick them is like
 Flirting with snowy mountains
Sooner or later
An avalanche will get down on you
And I'll do everything to keep up with it
You see You see
That's why you are my dirty healthy earthly fantasy

If I were to lose myself
Into the depths of your
Inner self
I would not want to be pulled out
Until my mind could not control
The score I had on this side on my pole
"Raser la lisière de ta forêt"
Is like deforesting the deepest forests
Destroying the privacy
Of another penetration
Your are my dirty healthy earthly fantasy
And when I need you next to me
 But you're not there
 My outer lengths are out of control

I just close my eyes and grab a chair

Sit down and think that you are there

Because not matter what people say

I'd possess you 'til the night away

And I'll keep up as a needy

Taking you over and over again

Into my dirty healthy earthly FAN-TA-SY

ON THE PLANE
(for Christiane)

"We're on the plane"

Comment so plain

And somewhat vain

Pointless talk

Cell phone chalk

But no walk

Go nowhere

In my seat

That's not fair

The defeat

In the air

Sitted down

But no crown

Not a clown

Anywhere

Let's take off

And break off

From the ground

It is round

Like the craft

Fake smile

Attendant

One more mile

Some silent

Up up away

In the air

Like no raft

Far away

Destination

Is in motion

My emotion

Is for soon

For arrival

In the moon

Not vital

But better

Thanks to you

Forever

I'm with you

RED
(for Christiane)

Inspired

And wired

Fevered

Revered

Favored

Not bored

Adored

Delivered

Pampered

Rumored

No, confirmed

Be cared

For "evered"

Matured

Bettered

Lovered

SEASONS
(to Nicole)

In the summer of my life

I met you

My heart had been cold as winter

You were sweet as my favorite dessert

And as warm as a day in summer

Before the fall I would fall

In love with you

The best days of my life

Are with you

In the fall of my life

I will be with you

Until the winter of our lives

You carry the seasons of my life

SENSES
(to Christiane)

I want to inhale your air

I want to exhale your scent

I want to stroke your dark hair

I want to be your gent

I want to gently kiss you

I want to make you sweat

I want to fondle you

I want to lick your hot sweat

I want your every pore

I want your soft skin on me

Oh! I want so much more

And you all over me

SO MUCH
(to Ally and Lisa. Lesbian couple on a first date)

You display so much

Yet discrete as such

Both so beautiful

Sexiness so full

Desires can be read

Neither turning red

Couple harmony

Display such envy

Happiness flagrant

Your smiles are radiant

I wish you the luck

That your love deserves

And don't give a fuck

About the others' nerves

STATE OF BLISS
(to Christiane)

Like a bird in flight

With all my might

I love you all right

Love is on the way

More to come, I say

Great to feel this way

In a state of bliss

Carried by your kiss

You're the one, can't miss

I love you always

You take it, your ways

My heart on the bays

On the shores you sing

Love every morning

And dance the evening

THE SPARK
(to Nicole)

The spark is dead
In your brown eyes
I'm so very dead
In your cold heart

So it's in your eyes
Where the shine is
Gone
Your expression lies
Me there that is
Gone

Away from you
Away from me
The spark is gone
And so are you
So so very gone

Such is life
You don't entice
Such is life
Not so nice

Anymore

The spark is dead

Maybe more

Your heart is dead

Say no more

But you're alive

What's that for?

Maybe to survive

Right to the core

Love is alive

And I want more

THE THOUGHT OF YOU
(to Christiane)

The thought of you brings me joy

The thought of you is constant

The thought of you is a shiver

The thought of you, happiness

The thought of you makes me smile

The thought of you is refined

The thought of you so divine

The thought of you being with me

The thought of you makes me man

The thought of us together

Forever

URBAN CHRISTMAS
(to one Christmas)

My pants are one wrinkle

My socks are wet

When I leave my house

It's not to place a bet

But I can tell you that much

My red shirt is not a blouse

My green pants are not so bad

Today looks like Christmas

And I will not be sad

Or my name is not John Cringle

I have the urban Christmas spirit

And that's better than nothing

Better than painting graffiti on a sling

Or wrecking my sled

While sniffing white spirit

On an unsuspecting neighbor's shed

My belly is full of food

That's right for the holiday

'Tis the season to mingle

The wine and the cider

Make me wanna tinkle

On this snowy Christmas day

I really have to be in the mood

Or my name is not John Cringle.

WOMAN TO LOVE
(to women)

Love on the brain

Creates much pain

It is a drain

For love to gain

Her name Elaine?

But more humane

A name for love

Seeking a dove

Sign from above

Woman to love

Looking for love

With time to love

Want no more pain
Time is for peace
Certain with bliss
Need for a piece?
No, need for love
A woman to love
And no more pain

YOU MAKE ME WANT
(to Christiane)

You make me want to soar

You make me want to love

You make me want some more

You make me want you dove

You make me want each day

You make me want passion

You make me want to play

You make me want friction

You make me want romance

You make me want sensual

You make me want to dance

You make me want so much

You make me want so bliss

You make me want as such

You make me want to kiss

You and you and you and

You make me want always

You make me want your hand
You make me want your ways
You make me want you more
And all I want is you

YOU, YOU, YOU
(to Christiane)

You are the love of my life

You are a breath of fresh air

When you sprang into my life

It made me leap in the air

You are the sun of my days

You are the moon of my nights

Your brighten all of my days

You illuminate my nights

You make me feel invincible

With you everything is possible

You make my life so complete

Because you are all so sweet

You are one of a kind

You are always on my mind

YOUR
(to Christiane)

Your lips

Your hips

Your tits

I want it all

Your eyes

Your smiles

Your ties

I want them all

III. POÈMES EN FRANGLAIS

I LOVE / J'AIME

(pour/for Christiane)

I love your smile

I love your style

I love your stride

I love your stance

I love your ass

I love your eyes

I love your all

I love your soul

J'aime ton sourire

J'aime ton style

J'aime ta démarche

J'aime ton opinion

J'aime ton cul

J'aime tes yeux

J'aime ton tout

J'aime ton âme

J'aime ton toi

IT'S
(for Christiane)

It's a slice

It's a spice

It's a zone

It's a cone

It's a thrust

It's a must

It's a kiss

Tu me glisses

Dans le cou

Je suis fou

Des bisous

It's a love

It's a dove

It's a sky

To come by

It's a smile

It's a style

Et partout

I love you